男孩养育书

李世强／编著

台海出版社

图书在版编目（CIP）数据

男孩养育书 / 李世强编著. -- 北京 : 台海出版社,
2020.11

　　ISBN 978-7-5168-2805-2

　　Ⅰ.①男… Ⅱ.①李… Ⅲ.①男性－家庭教育 Ⅳ.
①G78

　　中国版本图书馆CIP数据核字（2020）第215879号

男孩养育书

编　　著：李世强

出 版 人：蔡　旭　　　　　　　封面设计：小马车
责任编辑：赵旭雯

出版发行：台海出版社
地　　址：北京市东城区景山东街 20 号　　邮政编码：100009
电　　话：010-64041652（发行，邮购）
传　　真：010-84045799（总编室）
网　　址：www.taimeng.org.cn/thcbs/default.htm
E - mail：thcbs@126.com

经　　销：全国各地新华书店
印　　刷：廊坊市瀚源印刷有限公司
本书如有破损、缺页、装订错误，请与本社联系调换

开　　本：880 毫米 × 1230 毫米　　1/32
字　　数：162 千字　　　　　　　印　张：7.5
版　　次：2020 年 11 月第 1 版　　印　次：2020 年 11 月第 1 次印刷
书　　号：ISBN 978-7-5168-2805-2

定　　价：39.80 元

P 前 言
reface

　　有人说，穷养儿、富养女。不管这个说法是否正确，我们发现，养育男孩和养育女孩是不同的。很多家长知道，从很小的时候，男孩和女孩的性格就会出现很大差异。身为父母，不能按照自己想象的方式教育，无论男孩女孩，都同样对待。这样是不行的。

　　对于男孩来说，每个家长都希望自己的孩子将来能成就一番大事业，成为顶天立地的男子汉。但也正因为这样的思想，在教育男孩的过程中，家长会出现两极分化的局面。

　　一部分家长，从小就把自家男孩捧在手里当宝贝，容不得孩子受一点委屈和挫折，每天都精心呵护。在孩子成长的过程中，家里长辈会想尽一切办法为孩子铺平道路，遇到什么困难，不是让孩子尝试自己克服，而是帮他解决。这样的结果，就造成了孩子经受不起任何挫折，也无法承受任何打击、无法听取任何对他批评的意见，更不允许别人对自己有半点"忤逆"。这样的孩子，哪怕父母在他上学时帮他清理好一切，进入社会后，也会被社会狠狠教育。到那时，孩子是否能够承受，父母是否会后悔呢？

而另一个极端，有些家长认为男孩子不能惯，就是需要从小打，所谓"棍棒底下出孝子""不打不成材"。但家长却从没想过挫折教育的度在哪里，孩子每天都活在棍棒的阴影下，没有来自父母的关爱和赞许，他会健康地成长吗？这样的棍棒不仅不会打出一个孝子，更会让孩子的自尊心受挫，从而变得自卑，做事更加胆小谨慎。对于父母，他也会产生出仇恨的心理。

通过上述两种极端的教育方式，我们可以看出，男孩的教育并非那么简单。不能一味地纵容，也不能一味地打骂。教育男孩最好的方式是给予足够的尊重以及平等的沟通。男孩子自尊心都强，在逐渐长大的过程中都不希望家长再把他们当孩子看待，而是当成家里的顶梁柱。所以，教育男孩，需要给他们尊重，给他们自由，给他们说话和做事的权利，给他们在家里平等沟通的权利。在家里无论发生什么事，需要家庭成员一起讨论的时候，不要把孩子当作一个附庸，而把他当成重要的一员，参与到讨论当中，听取他们的意见。男孩需要给他们适当的挫折、适当的责任、适当的担当，让他们知道自己是家里除爸爸外，第二个顶梁柱，承担家里的事务和帮助保护妈妈是理所当然的事情。在这样的思想和教育中，才能培养出一个真正顶天立地的男子汉。

本书共十章，从十个角度，全面剖析在教育男孩的问题上应该如何应对。本书以深入浅出的方式，以理论加案例的形式，为家长一点点全面讲解各种场景下教育男孩的方法。相信家长们在看完本书后，对如何教育男孩会有一个更加全面的理解。在培养家中的男孩时，也能越来越得心应手。而男孩也会在父母正确的教育中茁壮成长，最后成为真正有责任、有担当的男子汉。

C目 录
ontents

049 第三章
男孩就要挫折教育，艰苦是最好的土壤

073 第四章
教育要学会宽容，男孩有些小错无须计较

161 第八章
学习社交能力，男孩需要更多的朋友

185 第九章
正确看待男孩青春期，早恋不是有毒的玫瑰

207 第十章
男孩的禁区，有些东西需要尽量远离

第一章

与男孩沟通要有明确的指令

尊重和理解，是培养优秀男孩的秘诀

很多父母苦恼于青春期男孩不愿意与自己交流，有话宁愿跟同学说，也不跟自己说。每天放学回家，就把自己关在房间里。父母问一句，孩子才回答一句，有时候孩子甚至对父母的问话不予理睬。出现这种现象，一方面是男孩的成长特点决定的，尤其到青春期时更为严重，另一方面也与父母对孩子缺少应有的尊重和理解有关。

一位初三男孩学习成绩不好，但他很喜欢动漫。一天，他鼓起勇气对妈妈说出了想学动漫的想法，结果妈妈对他的想法嗤之以鼻："哼，就你还能学动漫？连语数外都学不好，我看你还是先把学习成绩搞上去吧！"这番话就像一盆冷水浇在男孩头上，凉透到心里。男孩既气愤又难受，从那以后再也不跟妈妈讲自己的想法，对学习也更加没兴趣了。

男孩为什么喜欢与父母对抗呢？一方面，是男孩进入青春期后，伴随着生理发育和独立意识的增强，男孩觉得自己是大人了。在这种情况下，父母的权威性就会慢慢下降，父母观点的影响力也在下降，所以不容易被孩子认同。另一方面，男孩的思维方式发生转变，质疑精神和争论态度越来越强。

随着网络时代的到来，使孩子收集信息、了解知识更加便捷。而由于缺乏深思熟虑和深刻的人生体验，他们对事物的看法有些执着和偏激，因此容易在与父母的对话中针锋相对，一旦被父母嗤之以鼻、否定打压，他们更会强硬对抗。

针对这种情况，父母有必要认识到尊重孩子的重要性。要想和孩子顺利沟通，就必须尊重孩子，这是前提条件。教育是从尊重开始的，亲子沟通也是从尊重开始的。只有尊重孩子才可能走进孩子的心灵，才可能有愉快的沟通。

那么如何走入孩子的心灵呢？最为关键的就是学会蹲下来与他们说话，以孩子的视角与他沟通。这样他才会觉得自己被父母尊重，相互是平等的关系。

学会蹲下来，站在孩子的角度看待问题，这样不仅会对孩子的想法和做法能够理解，也会对孩子有更多的包容和肯定。当孩子感受到了家长的认可后，他的内心会感到愉快，得到满足，这会让孩子的成长更加健康。

特特放学回家后，向妈妈抱怨道："今天老师当着全班同学的面批评我，弄得我下不来台。"妈妈立即质问道："你是做了什么错事惹老师生气了？"特特说："我什么都没干，老师借题发挥。"妈妈用不信任的口气说："你就会找借口。"特特不开心地瞪了妈妈一眼。妈妈继续追问："那你是怎么想的，又打算做些什么呢？"特特噘着嘴提高音量说了句："什么也不想，什么也不做。"妈妈意识到两人这样针锋相对地交谈下去，解决不了问题，还会引发矛盾，于是决定放下家长的架子，以同学或是朋友的身份与特特交谈。她用温和而友好的语气说："老师当着全班同学的面批评你，我想你当时一定感到很委屈，又很没面子，是吧。"特特的态度发生了转变，他抬头看了妈妈一眼，眼中的怒气已经平息了不少。接着妈妈又说道："其实，妈妈小时候也遭遇过类似的事情。记得上小学四年级的时候，我参加期末考试，结果进了考场，发现自己忘记带铅笔了。我很害怕，赶快起身向旁边的同学借，谁知老师以为我要作弊，当场就对我进行了批评教育。当时，考场上那么多同学都看着我，或许也认为我是个作弊的坏孩子，弄得我既尴尬又气愤，一点都没有心情答题了。"特特听得津津有味，好像都忘记了自己的不快，他对妈妈说道："其实我也是想跟同学借块橡皮用，总不能在本子上乱涂乱改啊，可是老师偏偏认为我是错的，还批评我，真是不公平。"妈妈附和道："这确实不公平，那么为了避免再次被老师误解，我们是不是应该想想别的办法？"特特和妈妈交谈得很愉快，心情大好，他开心地说："很简单啊，那我多准备一块橡皮不就好了？"妈妈点点特特的额头，笑着说道："你真是个小机灵鬼。"

　　每一个孩子都有自己的世界，每一个孩子都是独立的天才，家长不能小觑了这些孩子。所以家长常抱着敬畏的心情与孩子们交流沟通和体验生活。作为家长不得不承认孩子在一天天长大，思想在一天天复杂。孩子有自己的世界和想法，也许在家长的眼里他们总是孩子，但家长如果有足够的细心和观察力，肯定就会发现，孩子在不知不觉中思考着许多家长认为他们毫不知情的事情。当然也许会是因为年龄和人生阅历的关系，孩子所知也许只是一些表面的、肤浅的东西。但是孩子开始独立学习细心思考，不管思考的结果如何，孩子毕竟是动脑子想了，得肯定孩子知道思考了这一点。如果家长能够走进孩子的心灵世界，明白孩子的所思所想，家长便可以适时地加以正确疏导，引导他们少走弯路。在孩子增长文化知识的同时，帮助他们学会做人做事，渐渐变得成熟起来。

父母对孩子的知心话：

　　以前我们总是以大人对孩子的方式与你交谈，让你感到了距离，同时也封闭了你向我们敞开心灵的道路。这点我们需要认真反思。我们应该把你当作大人来对待，应该学会与你平等交流沟通，让你把我们当成朋友，唯有这样，才能让我们真正建立起友谊，建立起沟通的桥梁。

少用命令式，男孩子都希望获得尊重

语言是人与人沟通的重要桥梁，与其说语言的内容决定了沟通的成效，不如说语气的应用影响了内容的发挥。而家长和孩子之间的沟通也逃不过语言的媒介，是不是因为是母子关系，就不需要注重语气等问题了呢？当然不是，每个孩子都是有自尊心的，而且男孩子的自尊心尤其重，他们希望获得他人的尊重，在听到妈妈指责、训斥、命令的言语和语气时，都会感到难受和不安，内心也会有一定的逆反情绪。比如，妈妈想要孩子把地上乱丢的玩具收拾整理一下，是说："飞飞，你怎么回事，把地上弄这么乱，赶快，收拾干净！"还是说："飞飞，你的玩具在到处流浪啊，你可不可以把它们送回家呢？"妈妈的目的都是希望孩子把玩具收拾好，但是，前者是命令、指责的语气，后者是商量、温和的语气，相信任何一个孩子都更愿意接受妈妈的第二种语言方式。

如果家长要的只是孩子行动的结果，那么，用商量的口气对孩子说话也更容易让孩子行动起来，而且孩子也不会对家长心存埋怨。如果家长认定自己的孩子是"吃硬不吃软"的人，不妨试试用软一点的方式，也许，结果会出乎意料。

所以，当急于有话对孩子说的时候，不妨先等一两秒钟，深吸一口气，再慢慢地呼出来。这个过程是让家长做好用商量的语气说话的准备。

一般聪明的家长在与孩子沟通时，都会用商量的语气。而且，会在平时与他人沟通时，也用商量的语气。一个人的说话语气是长久以来养成的习惯，面对越亲密的人，说话越是随便。很少有妈妈对自己的父母、丈夫、朋友都用命令的口气说，却唯独对孩子用命令的语气。因为，用什么样的语气一般是不需要思考的，是自然而然的流露。

因此，要想学着用商量的语气对孩子讲话，那就要在对所有的人说话的时候注意语气，如果这种习惯不改变，想对孩子说商量的话，都不知从开口。

通常，在与孩子用商量的语气说话时，最好多用"可以吗""怎么样"这样的词语。当养成这样的习惯后，与孩子聊天就会自然而然地做到万事商量着来。

洗完澡的杨洋忘记把脏衣服放到洗衣机里，妈妈发现后，就喊他过来："杨洋，请你过来下。"杨洋边往卫生间走，边说："我肯定又犯什么错了。"

妈妈说："是犯了小错，你下次洗完澡，记得把脏衣服放进洗衣机里，怎么样？"

"可以！"杨洋恳切地回答了。

第二天，同样的场景又发生了，妈妈再次喊："杨洋，请你过来一下！"这次，杨洋赶忙跑进卫生间说："妈妈，对不起啊，我又忘记了，明天一定不犯了！"

杨洋的妈妈不但用了"怎么样"，还用了"请"，这样温和而礼貌的词汇是很难遭到孩子的拒绝的，孩子只能乖乖听话。

所以，当准备说一句命令式的陈述句时，完全可以换成疑问句，句子中加上"能不能""可不可以""好不好"等语言，孩子基本上只能回答"好的"了。

在与孩子商量时，家长除了多用商量的词语外，还需要注意说话的语气与语调。商量的语气往往是柔和的，而不是坚硬的。如果家长不知道怎么说才算得上柔和，那就把语速放慢，声音放低，效果肯定会大有不同。同样一句话，比如"你可不可以把手洗干净？"如果家长的语速很快，声音很大，那是在命令孩子，如果语速慢下来，语调柔和下来，就属于商量的口气了。

有的家长可能会说：我这人天生心直口快，温柔的话说不来。那就只能先让心柔软下来，语言才能跟着柔软。

与孩子商量时，有一个最重要的关键，是要允许孩子有其他的意见。如果商量只是为了得到孩子的认同，孩子一有反对意见，就立刻让你驳回，那就称不上是什么商量了。

每个周六，妈妈都会带儿子去附近的公园走走，但是，这周六妈妈加班，决定把儿子送去奶奶家。当妈妈去跟儿子商量的时候，儿子表示可以自己在家玩，妈妈不同意，但是儿子仍表示不想去奶奶家。

最后，妈妈干脆说："没你选择的余地，明天必须去奶奶家。"儿子噘着小嘴走开了。

妈妈用商量的语气和孩子谈事情，就要做好孩子有另外打算的准备，既然是商量就有成功也有失败，不能抱着成功的希望去了，当孩子没有和妈妈达成一致时，妈妈就生气了，又会用命令的语言要求孩子。

　　所以，如果家长没打算接受孩子的其他意见，就不要用商量的口气，而是用温和的语言把你的计划告诉他就可以了，免得两个人像拔河一样拔来拔去，最后大家都不愉快。

> **父母对孩子的知心话：**
>
> 　　我们在与你沟通时，都尽量不用命令式，而是用商量的语气。你在平时也有所感觉吧。这样的方式是否让你也倍感亲切？与你商量时，我们一直牢记一个关键点是允许你有其他的意见。我们这样做，也看到了效果，那就是你现在活泼且有主见。今后我们会继续用这样的方式与你沟通，也希望你能一直如此活泼、快乐地成长。

青春期的男孩大多叛逆，喜欢与人争辩

生活中，有些青春期男孩做错了事后，面对父母的指正和批评，他们不是虚心承认错误，而是据理力争。父母说他们一句，他们就顶十句。仔细听听孩子的辩解，似乎还有那么几分道理。有些观点甚至让父母无力反驳，这时父母往往会非常生气。

胡女士说，她儿子 11 岁了，上小学六年级，每次她和丈夫针对儿子的不良行为教育他时，他总会用"但是……但是"来表达他的想法，说明他并没有做错，而是有自己的想法的。胡女士知道，儿子这是在找借口辩解，但一时半会儿又找不到合适的理由反驳他。有时候，儿子的话甚至能噎得她喘不上气来，让她感到非常恼怒。

比如，胡女士见儿子在公共场所随地扔垃圾，就提醒他这是不文明的行为。可是儿子却说："我可不那样认为，你看啊，如果公共场所没有人乱丢垃圾，那就不需要清洁工了。这样一来，清洁工岂不是要失业了？"

你看看，这都是些什么歪理邪说啊，胡女士被儿子气得不知道该说什么好。

很多父母不解，为什么以前乖巧听话的孩子，进入青春期后就变了一个人，什么都爱跟父母作对。父母说东，他们偏向西。父母说对，他们偏说错。这到底是为什么呢？其实，叛逆不是青春期男孩的错，而是这个年龄段的孩子都有的特点。具体来说，原因有这样几点：

1. 进入青春期后，男孩体内雄性激素分泌旺盛

10~18岁，男孩体内的雄性激素会迅速增加，体内的激素过剩而又得不到合理的宣泄，男孩就会变得情绪不稳定，进而产生一些叛逆行为。从这一点上来说，青春期男孩的叛逆是不可避免的。

2. 进入青春期后，男孩的生理与心理发展失衡

进入青春期后，男孩的内心冲突较为明显。这是因为他们身体上和成人无异，开始渴望独立、渴望自由支配生活和学习。他们渴望父母像对待大人一样对待自己，不喜欢被父母操纵，不愿意听命于父母。但由于生活经历有限，社会阅历尚浅，他们又必须依赖父母。这种矛盾使他们内心深处频频出现冲突，很容易引发一系列的叛逆行为。事实上，孩子的叛逆行为只是在向大人宣布：我已经长大，我不再是小孩，请不要再像对待小孩一样对待我。

3. 父母错误的教育方式加剧青春期男孩叛逆

中国父母教育不听话的儿子时，通常采取的方式是"父亲打骂""母亲唠叨"。这种教育方式必然会引起青春期男孩的反感，因为他们有强烈的自尊心，渴望得到平等的对待。而父母的错误教育方式，恰恰会激活男孩体内的叛逆因子，使他们加剧叛逆心理。

在了解了青春期男孩叛逆的原因后，父母该采用什么方式来应对、缓解男孩的叛逆心理呢？以下几点值得借鉴。

1. 耐心倾听，而不要急于否定孩子

面对孩子的辩解时，父母应耐心地倾听，而不要急于否定。因为孩子每一种观点背后都是有原因的。例如，男孩放学回家，因为一点小事和你发脾气。这时你不要急于否定他、指责他，而是试着询问原因，了解孩子不良情绪背后的原因。也许孩子是在学校被老师批评了，或者和同学发生了不愉快，心情不好，才会闹脾气。

作为父母，只有学会耐心地倾听孩子的声音，让孩子有机会表达，他的不良情绪才能得到宣泄。特别要提醒的是，当孩子表达观点时，无论他的观点是否有道理，父母都应该耐心地听孩子说完，切勿在孩子说的时候打断他、否定他、反驳他、批评他。这样才能让孩子感受到平等和尊重，孩子才愿意坦诚相告。

2. 学会欣赏，适当认可孩子的想法

当孩子顶嘴、争辩，甚至冒出歪理邪说时，父母没必要生气。要知道，这种行为一方面说明孩子思维敏捷、伶牙俐齿，另一方面还说明孩子不盲从家长观点，敢于质疑，敢于发表不同的看法，这是需要勇气的。因此，明智的做法是，学会欣赏孩子，认可孩子观点中合理的地方。

例如，"你的逻辑分析能力真强，居然能从丢垃圾这一行为联想到清洁工下岗，真佩服你的思考力！"这并不意味着父母在

与孩子的观点交锋中输了，更不是丢面子的事情。父母认可孩子是为了缓和气氛，赢得孩子的好感。然后，再指出孩子观点中不合理的地方，孩子才更容易接受。

父母对孩子的知心话：

很多父母觉得孩子与家长争辩，就是叛逆、不听话。我们不会这样认为，我们希望你能提出自己的观点、表达自己的观点。唯有你把心中的话说出来，我们才可以更进一步地沟通，好好聊一聊问题出在哪里，我们该如何去改变和解决这个问题。

家长也会犯错，有错误要勇于向孩子道歉

很多家长认为向孩子道歉是一件没有面子的事情。其实这种观念是错误的，家长向孩子道歉，有助于教育子女。

从不和孩子坦诚自己缺点和过失的家长会给孩子造成这种印象：爸妈总是出错，但他们总是认为自己是对的。长此以往，孩子就不会听从家长的教诲了。如果家长对孩子犯了错，却能及时认真地向孩子道歉，无形中教会了孩子承认错误是责任的一部分，它并不可耻，进而提升了是非观。

举例来说，一些孩子在"犯错"后，家长们由于难以克制感情上的冲动，对孩子进行了较为严厉的惩罚，事后这些家长搞清楚了原来错不在孩子那里，只是因为自己没弄明白就给孩子下了结论。如果能在这时向孩子承认自己的错误，并进行认真的道歉，这样才能用自身行动引导孩子走向正确的道路。

某位妈妈回忆起一件事情时苦恼地说道："某次下班回家后我发现我们家的鱼缸坏了。因为儿子淘气的缘故，我断定鱼缸的损坏肯定和他有关，于是我狠狠批评了他。但儿子没有承认是自己所为，他反倒觉得委屈。我顺手就打了儿子，我认为这是他在狡辩。晚上，孩子他爸回来后才说是

他不小心把鱼缸打坏的，我这才意识到我错怪孩子了。但因为我的虚荣心，我并没有对儿子道歉：'虽然这次的幕后元凶不是你，但你平时淘气，你以后不能淘气了。'没想到此后很长的一段时间内儿子没有和我说过话。我这才意识到是因为我没和他道歉而伤害了他的自尊心，但是，我放不下作为妈妈的面子，我真不知道我该怎么处理这件事情。"

其实，在生活中这样的例子很多，妈妈错怪孩子，或者做错事情是非常正常的事情，即使名人也不例外。

有一次，正处于心烦状态下的闻一多动手打了还不懂事的小女儿，这一幕正好被儿子撞见了，他严肃地批评闻一多说："你打人不对，你天天宣扬民主精神，竟然在家里犯这样的错误！"闻一多听完之后还有点火气，但是冷静了一下之后，十分认真地对儿子说："我向你们道歉，我不该动手打你小妹，我小时候，你们爷爷奶奶就是用这样的教育方法对我的，现在又换成了我，我错了。所以，请你们引以为戒，等你们有孩子的时候，千万不要用这样的方式教育你们的子女。"

这样的道歉，无疑重塑了父亲在孩子们心中高大的形象。每个人都有做错事的时候，关键在于如何面对自己的错误。如果只是因为"面子"心理在作祟，让孩子蒙受不白之冤的话，这不仅会伤害孩子的自尊心，也会颠倒孩子的是非观，这对孩子的身心成长是极为不利的。

所以，请诸位家长再也不要如此这般，做错事情的时候，认真地向孩子道歉并不是什么没有面子的事情。家长并不一定永远正确，应该实事求是。对孩子坦承自己的过失，无形中起到了尊重孩子和教育孩子做人的作用，而且在孩子心中的形象更加高大了，彼此之间的感情更加融洽了。

因此，如果你错怪了孩子，一定要对孩子坦承自己的过失，让孩子体会到你诚挚的歉意，从而树立孩子正确的是非观。

给孩子道歉，要讲究技巧。

1. 态度诚恳，否则让孩子觉得你没有诚意

举例来说，现实生活中有很多家长确实扮演着"统治者"的角色。错怪孩子了，不但没有向孩子致歉，反倒是借题发挥，从孩子身上找原因，这样的教育方式总是徒劳无功的。这样会让孩子觉得家长没有诚意道歉，而是变相批评自己。真正的道歉是能触碰到孩子心中被赏识和尊重的神经的。

另外，还要注意对孩子道歉时的态度，千万不要边发脾气边道歉，家长们若是能做到这样，孩子才能接受你的道歉。

2. 不要乱道歉

比如，向孩子道歉的原因竟然是因为孩子自身情绪的波动。家长们不要因为要让孩子高兴就否定了自己的原则，否则，家长是在孩子心中没有分量的，孩子就会认为你是个"软柿子"。所以，道歉一定要有针对性，如果真是家长错了，那么就诚恳地向孩子道歉，让孩子感受到你对他的尊重，教会他做人的道理，而不是为了讨好孩子才进行道歉。

当你对孩子的言行举止出现不当时，你应该对孩子说："孩子，是我不对，我们一起努力改正错误好吗？"一定要让孩子感受到你的诚恳。你可以说："是妈妈错怪了你，妈妈向你道歉。"

你可以试着改变对孩子的态度，做个会道歉的妈妈。

父母对孩子的知心话：

　　以前我们要面子，总觉得哪怕自己对你做错了，也无需对你道歉。因为你是孩子，而且是我们的孩子。最近我们发现，这样是不对的。错了就是错了，无论是大人还是孩子，都要学会道歉。唯有这样，才能体现出一个人的担当。对孩子坦承自己的过失，无形中起到了尊重孩子和教育孩子做人的作用，而且在孩子心中的形象更加高大了，彼此之间的感情才会更加融洽了。

非语言交流，通过肢体让男孩感受到被重视

英国的教育家斯宾塞说："事实证明，如果对自己的孩子多一些拥抱、抚摩，有时甚至是亲昵地拍打几下，孩子在对外交往以及智力、情感上都会更健康。"

孩子会从妈妈日常的言行中感受到爱，感受到是否被重视，相反，也会感受到被伤害。在他受伤的时候、疲惫的时候、不自信的时候、需要被赞美的时候，一个温暖的眼神、一个轻轻的拥抱或许就是对他最好的鼓励和安抚。

男孩天生有着敏锐的感受力，但往往不太善于用语言来表达自己的情感，非语言沟通是一条更容易被男孩接受的沟通途径。妈妈如何与儿子进行非语言沟通呢？

1. 让男孩感觉到你对他关切的眼神

眼神是极为常见的一种非语言行为，鼓励、赞许的眼神会给孩子以自信和激励；责备、轻视的眼神则会使孩子感到自卑和伤害。妈妈应给予孩子信任与期待的目光，让孩子感受到你对他的期望，相信他可以做得更好。

有个叫张强的小学生曾在他的作文中写道：

星期天，在家玩儿时，我不小心打碎了花瓶。妈妈很认真

地看着我说："儿子，花瓶碎了，你要负责，清扫一下地吧。"我忐忑不安的心一下踏实下来，内心意识到自己太不小心了，以后再也不犯这种错误了。妈妈的眼神中没有任何责备之意，我反而更愧疚……

时刻可以感受到妈妈及身边的人关注的目光，知道自己被期待，会激发孩子的上进心，他会努力做得更好以证明他值得被期待。

2. 拍拍后背，让男孩勇敢、自信地登台

钢琴家郎朗，少年时每一次演出之前，他心情都会紧张。每当轮到他演奏的时候，在他迈步之前，妈妈都会在他的后背拍一拍："儿子，看你的了。"每当这时，郎朗的内心就像注入了无穷的力量和激情，让他一下子充满了自信和勇气，于是，昂首挺胸地走上台去。他也用成绩向妈妈证明了自己是最棒的。

生活中，孩子会经历许多事情，比如考学、比赛、面试，或是站在舞台上，他会紧张、不安，会没有信心。作为男孩的妈妈，在这样的时刻，其实什么也不必说，只需走到他的身边，伸出手轻轻地拍拍他的后背，让他知道你相信他，并且始终如一地支持他，这足够了。

3. 多多对男孩报以微笑

孩子擅长观察妈妈的表情，以此来猜测妈妈的想法和态度。中国几千年来刻板的教育方式使中国的妈妈习惯了板着脸来对待孩子，似乎孩子做的总是错的。这就让孩子们不愿意主动与妈妈沟通，生怕招来妈妈的责骂。

公园里有一对母子，男孩不过五六岁的样子，跑到一群孩

子中间玩耍，这时大家看到男孩在打另一个女孩的头，双方的妈妈都急忙奔过去，女孩的妈妈很气愤地斥责了几句，抱着自己的孩子走了。

男孩的妈妈并没有斥责他，她把男孩拉到身边坐下，笑着问："能告诉妈妈为什么打小朋友吗？"男孩显然还在生气，妈妈一直微笑地看着他，耐心地等着他的回答。他嘬着小嘴，好半天才委屈地说："我不是打她，她头上有只小蜜蜂，我想帮她赶走……"

从上面的事例可以看出，不妨对孩子多报以微笑，让他知道，你乐于与他沟通，并了解他内心真实的感受，那样孩子才会对你敞开心扉。让微笑荡漾在你和孩子的脸上，让孩子在微笑中得到肯定，在肯定中快乐、健康地成长。

4. 给男孩一个安慰的拥抱

拥抱孩子是一种良好的亲子沟通方式，在妈妈的怀抱里，孩子感到温暖和安全，那是一种天然的信任感。

拥抱是一种无声的语言，孩子可以通过身体的接触来了解妈妈的想法和感受，并满足自己的内心需要，从而达到有效的沟通，让孩子体会到安全、依赖和信任。正如德国教育家老卡尔·威特所说："我认为，沟通是一种艺术，有关的时间、地点、环境和方式都要考虑到。比如孩子有时候希望在心理和情感上保留一些自己的空间或者说他感情波动很大，非常需要安慰，在这些时候，我会拥抱、抚摸儿子，传达给他沉默而温暖的信号。"

父母对孩子的知心话：

　　以前我们从来没有重视过肢体间的交流会有如此大的威力。在中国，可能家长都太保守了，缺少了与你之间的互动，觉得大人就应该有大人的样。殊不知，这样的摆谱不仅不会产生权威感，还会拉开与孩子间的距离。以后我们应该与你更多些肢体间的互动，用无形的语言给予你支持和力量。

鼓励男孩表达，家长学会认真倾听

"知心姐姐"卢勤曾就孩子是否愿意和父母倾诉心事这个话题向两万多名中小学生展开调查，结果显示，小学生首选父母为倾诉对象的比例为34%，中学生的比例为17%，也就是说，孩子随着年龄的增长，愿意向父母倾诉心情的孩子的比例会下降，而且，在参与调查的中小学生中，70%以上的孩子有了心事不愿向父母倾诉。

当然，孩子不愿将自己的心事告诉父母是有原因的，这些原因不外乎，和父母谈不来，没有共同语言。尤其是男孩子，随着年龄的增长，想法就会增多，而且觉得自己是大人了，更加不愿意接受父母的唠叨。父母也总是把一件小事无限放大，让他们焦虑不已，或是父母不能理解孩子的想法。于是孩子倾向于自己的心事自己消化。

但是也有一些男孩子愿意将自己的心事与父母分享，那是因为，他们感觉父母是他们的良师益友，能理解他们的想法，并能提出中肯的意见，给予他们真心的引导。不过，目前看来，这种能和孩子相处得好，并有共同语言的家长是很少的。

即便如此，很多父母仍然意识不到自己在亲子关系中出现的问题，他们发现孩子有心事但不愿与他们倾诉时，就着急地追问。没想到，越是督促孩子，孩子的逆反心理就越强，越不愿诉说。长此以往，孩子不但不愿和父母交流，亲子关系也渐渐恶化。

涛涛从小在奶奶家长大，奶奶对涛涛非常关心，每天他一回家奶奶就对他嘘寒问暖，一会儿问："涛涛今天中午在学校吃饱了没有？"一会儿问："今天中午吃的什么呀，好吃不好吃？"再过一会儿又问："今天老师有没有表扬你啊？老师让背的课文你都记住了没有啊？你跟同学相处得好不好？"开始的时候，涛涛还耐心回答奶奶的每一个问题，但是过了一段时间后，他就开始敷衍奶奶。每当奶奶问他学校的事情时，他就回答"还好吧，也还可以"之类的话。

一个周末，妈妈按惯例来接涛涛回家，她发现涛涛越来越不喜欢和奶奶说话，就把涛涛带到他最喜欢的麦当劳，给他点了一份汉堡套餐。涛涛很高兴，一边吃一边问道："妈妈为什么带我来这里呢？"妈妈说："涛涛每天放学回家都先写作业，然后复习功课，很听奶奶的话，所以妈妈要奖励涛涛。"接着涛涛对妈妈诉说起对奶奶的不满："奶奶看我就像看犯人一样，每天回家都问我在学校吃得好不好，玩得好不好，和老师同学相处得好不好，然后我就要一一回答。如果我什么都说好，奶奶就很高兴，如果我说了学校有什么不好，奶奶就觉得我做了错事，然后就不停地唠叨。"妈妈对涛涛说："妈妈是你的好朋友，奶奶也希望成为你的好朋友，以后妈妈和奶奶都不会强迫你，等你想跟我们说的时候再说好不好？"涛涛听了妈妈的话心情放松了不少，开始大口吃起汉堡。

孩子愿意和父母说心里话，是因为他们相信父母能为他们排解烦忧，但有的时候孩子说了半天，家长总是用大人的眼光看待问题，绕来绕去把所有事情都引到学习上，告诫孩子只有学习好才是硬道理。父母以为自己苦口婆心一番，应该换来孩子的热情回报，结果事情却向着相反的方向发展，导致孩子越发不愿和父母说话。

当孩子有心事的时候，父母没必要步步紧逼，想去弄清楚事情的原委。有时候给予孩子独立思考的空间，在旁边默默陪伴孩子、关心孩子就够了，这样做不仅是给孩子机会，同时也是给自己机会。如同将一把沙子握在手中，越是使劲紧握，沙子流失得越快，如果手掌保持轻松的姿势，沙子还能保留得多一些。因此，一个开明的父母不会逼迫自己的孩子说心里的秘密，只有轻松看待一切，孩子才能主动倾诉。

明明这一阵好像不大开心，每天放学一回到家不看电视也不和爸爸妈妈交流，直接躲进自己的小屋，好长时间不出来。妈妈看他有些反常，但是没有去打扰他。到晚饭时间，妈妈来到他的房间，先敲门，然后轻声问道："明明这几天是不是作业很多，怎么一回家就躲进房间不出来呢？"明明应声道："是，最近作业很多。"话语中带有不耐烦的语气。等吃完晚饭，明明又回自己房间去了。

接下来的几天，明明仍然喜欢独处，除了吃饭时间，妈妈基本看不到他。妈妈感觉明明一定遇到了什么不愉快的事情，他不愿意告诉父母，又无法自我排解。

　　妈妈深知，孩子也会有自己的心事，他之所以不愿意向你倾诉，是因为他还没有找到安全感，这时父母一定不能强求，要慢慢引导。后来妈妈来到明明房间，问他学习累不累，需不需要陪他坐一会儿。明明答应了妈妈的要求。接着，妈妈对明明说："尽管作业很多，但也要注意身体，一定要早点睡觉，把饭吃好。"此后，妈妈经常做一些明明最喜欢吃的东西给他送进房间。明明感受到妈妈对自己的关心和爱护，主动邀请她到房间坐。

　　妈妈坐到明明身边，明明欲言又止的样子更让妈妈确定孩子一定有什么心事。当然妈妈并不急着追问，而是给他更多的空间选择要讲出来还是埋在心里。最后明明告诉妈妈，最近他一个最要好的同学要转到其他学校上学，以后他俩就不能在一起玩了，因此明明很不开心。妈妈也为明明失去一个好朋友感到难过，但她还是给予明明最真心的安慰和鼓励，帮助明明走出了阴霾。此后，明明又变得像以前一样无忧无虑了。

　　在生活中，有很多父母想与孩子成为无话不谈的好朋友，却总是找不对方式。一个开明的父母在生活中不会专制，而是让孩子尽情地去思考自己的问题，并在身边默默支持、默默陪伴。父母不要急着逼迫孩子说出心里话，但要有意识地给他们创造诉说的环境，当孩子从中找到安慰与激励时，自然会倾诉自己的心事。

以前的我们，总是说得多、听得少。觉得你是孩子，你的意见没那么重要，你只需要听从我们告诉你的建议就可以。现在发现，这样的方式是不对的。这样只会关闭我们之间沟通的大门。我们应该尊重你的意见，认证倾听你的想法，给予你安慰和鼓励。今后我们会如此做，也希望你能重新打开沟通的大门，说出你的心事给我们听。

第二章

男孩自尊心强，批评时注意方式与语气

男孩从小自尊强，批评绝不可当着外人面

男孩子多动的性格让他们经常会犯错，有些妈妈总是不顾时间、地点就对孩子大声斥责，更有甚者还动手打孩子。觉得男孩子，不打不成器。殊不知，这样的教育并没有什么效果，反而会引起孩子的心理逆反，激起孩子的对立情绪，即使孩子认识到了自己的错误，他也会宁折不弯，甚至强词夺理。

是人就会有自尊心，孩子也不例外，家长们千万不要忽略这一点。尤其在有外人在时，孩子的自尊心会更加强烈。家长们如果总是对别人讲自己孩子的缺点或是在别人面前呵斥孩子，孩子的自尊心会大大受到伤害。孩子的自尊心比成年人要强得多，孩子会因为自尊心的受伤遭遇更多的打击。因此，当着别人的面对孩子进行批评的做法是不当的，这样非但起不到教育的效果，更会给孩子心理上造成致命的打击。

相反，聪明的家长会懂得尊重孩子，在他人面前赞美孩子，和孩子单独在一起的时候再批评孩子，孩子则很容易接受批评。

周末，王阿姨来阳阳家做客，送给阳阳一个包装精美的儿童大礼包。阳阳妈妈悄声交代阳阳，等王阿姨走了才能打开礼包品尝。但一转眼，阳阳已经把礼包打开了，他抓起一个果冻

就吃了起来。

阳阳妈妈有些生气，当着王阿姨的面大声说："你这孩子怎么这么嘴馋，真没礼貌！好像八辈子没吃过东西一样……"一语未了，阳阳嘟着嘴不高兴了，他生气地把礼包投掷到了妈妈身上。

为了解围，王阿姨急忙说："没事没事，小孩子嘛。"接着，又微笑着对阳阳说："阳阳，你今年上小学一年级了，你告诉阿姨你都会干什么呀？"

阳阳挺了挺胸膛，自信地说："我是一个男子汉，会干许多事情呢！我会洗自己的衣服，会帮妈妈洗碗，替爸爸浇花……"

谁知，阳阳妈打断了阳阳的话："你还好意思说呢，你洗衣服把衣服戳了一个洞，洗碗摔碎了一只碗，浇花时差一点就把花从花盆里浇走了。"阳阳的小脸涨得通红，他双手攥拳，气鼓鼓地跑回了自己的房间。

后来，阳阳待在自己的小房间里半天不出来，任凭妈妈怎么敲门他都不理不睬。妈妈心里很郁闷："我不就是说了几句嘛，阳阳为何这样气急败坏、耿耿于怀？"

妈妈在批评孩子时，要避免使孩子在他人面前感到难堪。俯身和叫孩子到没人的地方是最好的方式，这样做不仅保护了孩子的自尊心，也容易让孩子接受自己的说教。相反，如果总是当着别人的面批评孩子，立刻就让孩子没了面子，就算他有承认错误的心，但因为自己"下不来台"索性就和家长对抗到底了。

中国人最讲究"当面教子，背后训夫"。所谓"当面教子"，即家长喜欢当着其他人或众人的面，指出孩子曾犯或者在犯的错误，并对孩子进行"现场教育"。大多数妈妈有这样一种心态：让外人看到自己批评孩子，证明孩子有教养、有家教。但是，很多时候"当面教子"不但起不到教育的效果，还会使教育走向反面。

还有的家长总是喜欢用大吵大闹的方式批评孩子，这样一来，四周邻居没有一个不知道的，孩子的自尊心无形中就受到了伤害，放学回来遇到邻居也不好意思打招呼，只能脸红着跑过去。还有的家长喜欢在家里来客人的时候批评孩子，念叨孩子的缺点，在这种情况下，孩子的自尊心也会受到伤害，这样非但没有达到教育的效果，反而促使孩子产生对家长的逆反心理。

某周日下午，同学们应邀来到一位同学家聚会。正当他们玩得尽兴的时候，那位同学的家长回来了，一看到家里乱七八糟的场景，就当着大伙的面把自己的孩子臭骂了一顿。孩子因此感觉特别没有面子，非常尴尬。孩子因此跑到姥姥家去住了，每天上学、放学都回姥姥家。这样的僵局维持了两周左右，最后还是以家长主动道歉孩子才回家的结局告终。

家长们在别人面前批评孩子，孩子会觉得特别没有面子，甚至会觉得是在被羞辱，其结果是把为什么挨训早就忘到脑后，只留下对父母的强烈反感。孩子甚至会怨恨父母，造成亲子关系紧张。曾经就有一个孩子对他的同学说："我恨死我妈了，家里一来客人就批评我，越批评我，我越不服，越是要和她对着来。"有些孩子虽然表面没有很大的反应，但是问题并没有解决，有的甚至会把错事从表面转到背后，那就更危险了。

俗话说："人要脸，树要皮。"孩子同样也是一个要脸的个体，经常在别人面前批评孩子，会严重挫伤孩子的自尊心。在没人的时候悄悄批评孩子，孩子才不会感到反感，孩子还会因为家长的"给面子"而倍感愧疚，这样做更有利于纠正孩子的错误。家长要让孩子认识到，犯错的是孩子自己，改错的也是孩子自己。因此，家长只针对孩子的错误批评他，且不在有他人在场的情况下，因为，改正错误就是好孩子，父母不会让更多人关注到他之前的错误。

父母对孩子的知心话：

　　身为家长，我们不能忽略你的自尊心，发现你有不良行为时，也不能用恶劣的态度批评你。我们会用皱一下眉、不说话等温和的方法来表达我们的不高兴。或在安静的场合和你谈谈，引导你鼓起勇气正视自己的错误和不足。我们一直引以为傲，能用这样的方式帮助你形成正确的是非观，还能保护你的自尊心。

面对胆小的男孩，绝不可用"恐吓"的方式

很多男孩子调皮，妈妈说多少次都不听。最后妈妈不耐烦时，就喜欢用"恐吓"的方式来教育男孩。比如说，"妈妈不要你了""不要乱跑，外面有坏人拐卖小孩""别哭，老虎来了"，或者干脆讲一些妖魔鬼怪的故事，使孩子害怕，好听妈妈的话。还有的妈妈直接就扮成了"鬼怪"来吓唬孩子，希望借此达到教育孩子的目的。有些男孩子胆小，幼小的心灵接受不了强烈的恐怖刺激，这种"恐吓"式教育就会在这些孩子心里留下阴影，使孩子失去安全感，久而久之会使孩子产生一种恐惧心理，影响孩子身心的健康发展。

孩子胆小怕事的性格就是由这种紧张状态所致。孩子在行为上表现得更加退缩、逃避，从而影响孩子的探索精神、独立性和社会行为的发展，也影响孩子认知发展。长此以往，孩子的恐惧感被放大，这样严重影响了孩子的心理健康，甚至对外在的、无危险的物体或环境产生极端、持久适应不良的恐惧，成为恐惧症。

刘女士的儿子建建今年 5 岁，是个活泼好动的孩子，而刘女士却是个喜欢安静的人。

周六，刘女士带建建去公园玩了一天，很累，于是想带孩

子回家。可建建没玩够，说什么都不想走。刘女士一气之下抱起建建就走，也不管怀里挣扎的儿子。正巧街边上有一个脏兮兮的乞丐在墙角睡觉，刘女士就对建建说："你看到那个乞丐没有？你要是还这么不听话，我就不要你了，把你送给那个乞丐，让你也变这么脏，每天去乞讨。"正挣扎生气的建建抬头一看那个乞丐，吓得"哇"的一声就哭了出来。

晚上，刘女士坐在客厅的沙发上看书，在卧室里睡觉的建建醒了，他抱着一个玩具跑了出来，对妈妈说："妈妈，你陪我玩'过家家'好吗？"刘女士不耐烦地说："你自己玩吧，妈妈正在看书。"建建跑到一边，对玩具说："妈妈不陪我们玩，那我们跳舞好不好？"于是，建建蹦蹦跳跳地跳起舞来，一个人有说有笑玩得不亦乐乎。

刘女士觉得儿子太吵，就回到自己卧室里继续看书。可不一会儿，客厅的音响里就传出了儿童舞蹈的伴奏音乐。刘女士快步地走进客厅，说："建建，你再这么吵我就去小区门口把那个警察找来抓你了！"

建建马上就安静下来了。其实刘女士所谓的"警察"就是她所住小区站岗的保安，他的脸上有一道很长的刀疤，建建看见过他并且很害怕。刘女士觉得这个办法好用，就经常在建建不听话的时候吓唬他。

接下来，一连几天建建都特别安静，话也不多，还特别听妈妈的话。直到有一天建建的姥姥从乡下来了。姥姥刚一进屋，建建就大哭着跑进了姥姥的怀里，说："姥姥你带我走吧，妈妈要让那个吓人的警察抓我……"

刘女士这时候才意识到自己犯了多大的一个错误。

这是多么令人心疼的场景啊。刘女士教育孩子的出发点我们可以理解，但非要出此下策吗？孩子毕竟没有成人那么成熟的心智，他们并不明白家长"恐吓"自己是为了教育自己。身为家长至少要明白一点，用"恐吓"的方式来教育孩子是愚蠢的行为，这样做非但起不到教育的作用，还会让孩子幼小的心灵受到伤害。

从孩子出生那天，家长就是孩子最为依赖的人，所以，他们从小就有离开家长就生存不下去的心态。不管孩子懂事与否，发生类似刘女士这样的事情，孩子心里常常会有这样的疑问"妈妈真的不要我了吗？"。在这种心理背景下，孩子潜在的不安会加剧，久而久之就会形成胆小、怯懦、不自信甚至自卑的情绪。

孩子自信的建立需要一种安全的环境，这包括生活环境和心理环境。妈妈的恐吓会成为孩子心里不安的土壤，重则会将孩子心里的很多恐惧感释放出来，并可能最终演绎为心理变形的自卑；轻则没有办法集中精力学习，精神分散。而这当然是任何一个妈妈都不愿看到的。

每个人都会有恐惧心理。恐惧有两种，第一种是本能，就是对危险的害怕。第二种是神经性恐惧，就是在没有遇到任何危险的情况下都会感到害怕。比如害怕一个人待着，害怕某种颜色，或害怕某种职业的人，等等。神经性恐惧的患者往往是那些小孩子。而且这种恐惧一旦在幼时形成，就很难纠正。

有个孩子总喜欢跑出去玩，这让爸爸妈妈担心。为了让孩子不要乱跑，妈妈就给他讲了个恶鬼的故事，告诉孩子恶鬼最喜欢抓那些自己乱跑的孩子。从此，这个孩子再也不敢乱跑了，出门总要拉着一个人。长大后，孩子知道妈妈不过是吓唬自己的，世界上根本没有鬼。可是，当他独自一个人走在路上的时候，总觉得有种莫名的恐惧感，甚至工作后，还不敢独自出差。

所以，妈妈不要随便用孩子害怕的东西来威胁孩子，以免加深孩子的恐惧。如果在孩子不听话时这样说："你再不听话，就会有妖怪来抓你！"看起来会起到立竿见影的效果，可是，这对孩子心理产生的影响是可怕的。更不要用孩子害怕的对象去威胁他。怕医生的孩子，就算是生病了他也不会去找医生；怕警察的孩子，就算是找不到家的方向了，他也不会去问警察；怕老师的孩子，又怎么可能安心听老师的课，更不要说让他主动向老师请教了。

父母对孩子的知心话：

当小孩子害怕什么东西的时候，我们当父母的应该帮助孩子消除这种恐惧的心理，而不是利用、加重这种恐惧心理。孩子会因为经常被恐吓而变得敏感，情绪上的波动是非常大的。久而久之，父母再说出那些恐吓的话，他们也会明白父母是在说假话，因此不再对父母信任，也不再害怕父母，反而变本加厉地淘气、顽皮。如果过度恐吓本就没有安全感的孩子，孩子会因此变得更加自卑，性格上也趋于恐慌化发展。看似这样的方法让孩子听话了，可是孩子的判断能力因此受到了影响，长大后极度缺乏自信。

有些错误源于"不知道"，这时批评要有度

男孩子天生多动，总爱问问题，也总爱在家长面前晃悠。导致很多家长带男孩子时间长了会烦躁，也更容易看到男孩子的一些缺点。比如孩子的学习观、时间观和注意力分散等问题，家长们没有认真思考过症结出在哪里，只会一味抱怨孩子不给自己争气。其实，如果你能站在孩子的角度想一想，你会发现在孩子们身上出现的问题或者说他们所犯下的一些"错误"，基本上都是源于他们的"不知道"。

例如，他们因为不明白自己早点做完功课就能得到充足休息的时间，所以他们做功课的时候总是磨磨蹭蹭；他们因为不明白合作与爱的道理，所以他们不知道怎样表达自己的爱，怎样去和别人合作；他们因为不知道自己究竟有多大的能力，所以他们总是对自己没信心，对什么事情都是抱着害怕的态度；他们因为不明白孤独的可怕，所以总是不和别人接触，让自己慢慢变成一个孤独的人；他们因为不知道学习是为了什么，考大学是为了什么，所以他们埋怨自己的父母逼着自己读书；他们因为不知道世界很大，所以他们也不知道其实自己的选择有很多……

这些"不知道"把孩子局限了起来，孩子知道的往往是书本上那些死板的知识。作为父母除了书本的知识，你还应该让你的孩子知道真实的社会，知道外面的世界，知道为人应有的权利和应尽的义务，帮助孩子打开视野要在他们接受能力最好的时候进行，因为未来是由眼界所决定的。

在教育子女时，往往会出现这种状况：每天妈妈需要说无数遍孩子才会磨蹭着起床。妈妈不厌其烦地唠叨着："还不起床，你看看几点了，马上迟到了啊。我可不管你啊，看你迟到怎么和老师说。"妈妈的警告从未起到作用，孩子会悄悄地躲在被窝里说："反正有妈妈叫我。"所以赖床的习惯迟迟得不到改正。

到了晚上妈妈就又唠叨："你做功课的时候能不能认真点儿？我都帮你检查出这么多错的地方，你自己就不懂得仔细检查一下？"孩子偷偷笑了："我着什么急啊，反正有我妈呢？"

这些孩子对于考试也并不是很认真，于是家长表现出比孩子更在意考试成绩的态度，进而成了家长帮助孩子学习，以及替孩子着急学习。因为有人督促学习了，这些孩子的成绩一般不会很差，自然而然这些孩子也不会想到学习不好带来的后果。没有体会就不会知道哪些地方需要改进。

父母的这种行为，把原本该孩子自己做的事情做了，把他们该自己承担的责任承担了。父母有时候有必要给孩子制造一点挫败感，因为要让孩子明白需要为自己的行为负责。孩子理解上的偏差就是因为做家长的比孩子本身更在意而形成的。只有让孩子经历了，他们才会有所认识。

在孩子成长的过程中失败不应该是完全被避免的。从现在看，孩子经历失败是一件糟糕的事情；但从孩子的未来看，经历失败有助于他们的成长。所以父母要允许孩子失败，不要因外界的影响和攀比心理的干扰而否定你的孩子，你要给孩子成长的机会。

有时候让孩子学会对自己的决定负责，要比教他怎样做事重要得多。

明明的爸爸妈妈都是体育教练，在明明 6 岁以前，妈妈让他学了足球、唱歌、画画；6 岁的时候，爸妈让他开始学习乒乓球、钢琴；10 岁的时候，他就通过搭乘各种交通工具游览了 30 多个城市；12 岁以前，亲眼见证了全国各大田径和足球比赛，见证了运动员哥哥姐姐的开心和悲伤的瞬间。

明明的爸爸妈妈和其他的家长一样，希望尽可能满足孩子的需要。6 岁的时候，明明突然喜欢上了钢琴，在那个年代钢琴可是奢侈品，买一台钢琴大概需要 5000 块，而且不是光有钱就能买到，还要凭票才行。家里人想尽了办法都没能弄到一张钢琴券，于是明明的妈妈就给钢琴厂的厂长写了一封信。

第二年，明明终于拥有了自己的钢琴。可还没学一年，和很多小朋友一样，明明对钢琴的新鲜劲儿就过去了。按理说，学钢琴是明明提出来的，但妈妈对明明弹钢琴没有任何水平的要求。因为练琴占去了明明玩耍的时间，所以他不想再练钢琴了。他耍赖、生气、闹脾气，想尽办法希望妈妈能够和其他家长一样对他嚷，那么他就可以理直气壮地反驳说"我要做我自己"，不要成为满足他们虚荣心的工具。

然而，妈妈从未对明明说过"家长为你付出多少"这类的话，她只是对明明说："明明，以后的路还要靠你自己走，我们能做的只是给你创造机会，你必须为你的行为负责。"因为妈妈一直都没有被激怒，明明也就因为从小坚持练习钢琴而理解了什么是选择和责任。

现在很多父母为了孩子们没有珍惜身边的机会而万分着急，他们甚至采取很多过激的行为，但我们不得不佩服明明的妈妈，在辛苦地为孩子提供了各种机会后还能超脱地置身事外，这其实是很不容易做到的，正是这种不容易让她教会了孩子什么是选择和责任。

作为父母，要帮助孩子去了解一个人应有的权利和应尽的义务，一个人应该做些什么，不应该做些什么。只有了解了这些，才能知道什么是自己的目标，才能激发出对目标追求的动力。

父母对孩子的知心话：

作为父母，我们应该帮助你了解一些书本上没有的东西，你不知道的东西。这样，才能让你的人生观、价值观、世界观更丰富起来。应该帮助你知道你需要做什么，不能够做什么。让你真正了解社会是怎样的，世界是怎样的。当了解这些后，相信你会对自己、对世界有一个更加全新的认识，也会对未来有更加清晰的方向。

不停地批评，远远不如多给些建议

尽管男孩子在成长的过程中不可避免地会被批评，但如果批评得不正确或是不合时宜，很容易将男孩子推向反抗和叛逆的一面。有时候放弃批评，用给予建议来代替，很可能起到意想不到的效果。

批评在词典中的解释是指出对方的缺点，或是对对方的缺点和错误提出意见，例如批评对方的蛮不讲理、不讲卫生，但却并非指责、抱怨。可是，在现实生活中，很多父母误解了批评的含义，认为既然要批评孩子，尤其是男孩子，就要直指他们的痛处，让他们印象深刻，以便深刻铭记并改正错误。这样做也许会帮助父母树立权威，但却伤害了孩子的自尊。

建议则是指针对一个人或是一件事情的客观存在，提出自己的意见，这种方式具备一定改良的条件，使个人或是事情向着积极良好的方向完善和发展。建议通常带有肯定的意味，如果先肯定孩子，再对孩子提出改正意见，孩子会更容易接受，并自觉遵守规矩，越做越好。

4岁的小杰趁妈妈不注意从厨房地上拿出一捆绿叶菜。他先揪下上边套着的皮筋将菜散开，然后把它们分成几份，分别装到他的四辆大小不同的玩具运输车里，如果放不进去，他就用手揪下多余的菜叶或是将它们揉成一团使劲往车上塞，弄得蔬菜乱七八糟。爸爸看到这一幕，上前一把夺过玩具车，把里边的蔬菜用力倒了出来，将它们归在一起，然后大声批评小杰不懂事，不应该乱动蔬菜，说得小杰不停地抹眼泪，眼睛都红了。

尽管当时爸爸的吼叫式批评奏效了，小杰老实了一会儿，可是当一切风平浪静之后，小杰似乎又恢复了之前的样子。他趁爸爸妈妈不注意，又跑到厨房把地上的蔬菜放到卡车里，这次不是绿叶菜，而是换成了西红柿、土豆一类的圆形蔬菜。正当爸爸气愤不已，想伸手揍小杰一顿的时候，妈妈说话了："你这样大声斥责他有什么用，要给他一些建议才行。"妈妈转身用温和的语气认真地对小杰说道："小杰，妈妈知道你想像卡车司机叔叔一样运输货物，可这些菜是妈妈用来给小杰做好吃的东西的，如果摔坏了就不好吃了。小杰愿意吃不好吃的菜吗？"小杰若有所思地说了声："不愿意。"接着妈妈说："不如这样，妈妈给你个建议，你把墙角堆着的那些积木和拼图块运到玩具筐里，妈妈拿蔬菜到厨房做饭，咱们比比谁做得又快又好，好不好？"小杰很高兴，一口答应了妈妈的要求，接着就认真地运送起积木来，他可不想输给妈妈。

父母经常以为自己的想法是正确的，孩子就应该顺从，甚至他们都没说自己到底有什么想法，就大声斥责孩子。他们这样做，只是站在父母的高度上威胁孩子，并没有从孩子的角度考虑问题。孩子需要尊重和肯定，而批评是对孩子的指责和否定，只有采取建议的方式处理孩子的问题，多给予孩子肯定，再以理服人，进行循循善诱的引导，才能引起孩子情感上的共鸣。

小区里的妈妈们没事时就喜欢聚在一起说些家长里短，当然，她们最常谈论的话题就是自家的孩子。有一位妈妈说自己家的孩子真是不让人省心，每天总是做各种不着边际的事情，为此没少挨批评，有时候一天要批评孩子好几回，孩子才能暂时规矩一会儿，她感慨自己的孩子太难管教。

她举例说："一天，她让我给她买个 MP3，说是用来听英语。我一听很高兴，以为她知道主动学习了。谁承想，她不是用来听英语，而是用来听歌的。"周围妈妈问："你是怎么发现的？"这位妈妈继续说："有一次她睡着了，我看她耳塞还挂在耳朵上，就替她摘了下来，这才听到里边放着的是歌曲。她居然骗我，你们说生气不生气？"其中一位妈妈说道："嗯，你女儿确实不该这样做，不过，你不要总是批评她，最好试着给她些建议。"这位妈妈立即气愤地说："批评她都不听，建议能管用吗？"另一位妈妈解释道："孩子有错误，很多妈妈选择批评，是希望他们能认识到自己的错误，但是你们试想一下，这样做结果是往好的方向发展吗？当然没有。大家一味批评，相当于否定了孩子的一切，包括优点，孩子怎么会甘心顺从。如果站在理解和尊重的角度上，给他们一些建议，让他们感受到尊重，效果则会不同。"

这位妈妈听从了建议，回家照着这个方法去做。她没有用愤怒的语气大声指责孩子，而是心平气和地给予意见，这次孩子很快就照着妈妈说的话去做了，也愿意改正自己的错误，两人的心情都很愉快。

　　父母给予孩子建议而不是批评，孩子没有受到指责，也没有被否定，从心理上会得到满足，感觉自己占据了主动地位，因此更容易朝好的方向改进。当孩子犯了错误，父母最好用建议代替批评，对孩子多一些温和，少一些怒吼和咆哮，这样，孩子才能认清自己，增强自信，取得更快的进步。

父母对孩子的知心话：

　　我们以前对你总是批评，很少给予建议。现在发现这样的方法是错误的。总是批评你，让你慢慢变得更加不自信，而且总是担心自己做过什么。但我们又从来没有给过你建议，告诉你怎么做是对的。这点我们会认真反思，以后会用建议代替批评，让你逐渐找回自信、找回自我。

优秀的男孩，并非是"打"出来的

在中国，很多父母都认为"孩子是不打不成器"，迷信"棍棒底下出孝子"的教育方法。可是，用"打"的方法来教育男孩子，并不能产生好的教育效果。在很多父母看来，打骂的教育方法"行之有效"，这只是暂时的，孩子表面上听话了，但实际上内心并不认同。久而久之，父母的威信在孩子心中荡然无存。

不知道家长们是否听过这样一首"挨打歌"：

首次挨打战兢兢，两次挨打哭不停，

十次挨打眉头紧，百次挨打骨头硬，

千次挨打功夫到，我自酣然对你笑。

虽然只是一首打油诗，却真实反映了男孩子挨打后的心态。内中之意，诸位家长慢慢思考吧。一般来说，家长无法控制自己的情感，对孩子施以体罚，最多一两次就够了，多了反而没有任何效果。一旦体罚成了家常便饭，孩子就会满不在乎，体罚就失去了效果。

有位家长打了 5 岁的孩子后，孩子对打他的家长说："欺负小孩算什么本事！"那位家长说："孩子因为我打他而看不起我，当时那种感觉真的是想找个地缝就钻进去。"

在孩子眼中，打他就是欺负他、压迫他，使他产生以大欺小的观念，更加无法起到教育效果。

孩子天生就具有自主权和受保护权，任何人都没有权利打孩子。打孩子会使孩子受到身心的双重伤害。孩子经常挨家长打，很可能使孩子变得孤僻，不喜欢和人接触。孩子经常挨家长打，会无形中给孩子心中树立一种错误的观念，他们会认为解决问题的最佳方法就是暴力，久而久之孩子也就变成了滥用暴力的人，所以说这样的教育方式根本不能让孩子在本质上认识错误。

李彬有两个儿子。李彬对孩子的教育方法简单而粗暴，就是一个字——"打"。

长子上初二之前学习成绩非常好，还是班长。但是，尽管如此，李彬依然对儿子拳打脚踢。初二时，长子偷偷跑到游戏厅玩到很晚，李彬知道后大发雷霆，整整打了他半个多小时，还不许他进屋。孩子没有办法只好离家出走，在外面流浪了几个月，后来加入了一个盗窃团伙，事发后被抓了起来。

次子因为哥哥的事非常痛恨爸爸，天天战战兢兢的，学习成绩非常不理想。一次，李彬参加完家长会后，对孩子又是一顿拳打脚踢。次子压抑已久的怒火爆发了，他发了疯似的冲向父亲，照着父亲的脸拼命打，打得父亲满脸是血……此时的李彬惊呆了，瘫坐在地上，后悔莫及。

男孩不仅因为"打"给自己带来肉体上的痛苦，还会产生心理上的扭曲，打孩子容易使孩子产生自卑、胆小、孤僻、撒谎、暴力等毛病，影响男孩的健康成长。男孩很多的不良行为不会因为打骂而被根除，只会让这些错误愈演愈烈，长期处于打骂下的男孩会更加巧妙地掩饰自己的错误。男孩每次受到家长的打骂，他不会用诚实和负责来弥补自己犯下的错，而是暗下决心下次要加倍小心不让家长发现。

孩子因为犯错就遭到家长的毒打，打完孩子之后家长又会感觉内疚，向孩子道歉，这样做，不但起不到教育孩子的作用，反而孩子的不良情绪会因此愈加严重。

显然，这样的教育方式是不可取的。父母总觉得打孩子收效大，是因为孩子在被打的时候大多表现出一种害怕的神情，有时嘴里还经常喊着"我再也不敢了""我一定改正错误""妈妈我错了"等话语。其实，孩子未必是发自内心说这些话的，有时仅仅是出于保护自己的下意识行为。

凯凯是个8岁的男孩，父母都是大学教授，爷爷奶奶也都是高级知识分子。凯凯从小随爷爷、奶奶、姑姑生活，他们宠着他，事事顺着他。凯凯3岁后随父母生活在大学校园。父亲以暴力管教居多。到了入学的年龄，他还是不能正常和别人交往，常常表现出暴力的一面，以自己为轴心。班上的同学没有一个愿意他接近的，因为所有的小朋友都被他欺负过。

老师问凯凯："你为什么掐小朋友呀？"

他理直气壮地说："我爸爸生气时就掐我。"

老师和凯凯的妈妈交流他在校的种种表现，他妈妈说，凯凯的爸爸脾气粗暴，孩子有一点不对，他爸爸对他不是踢就是掐，不给孩子申辩的机会。

凯凯在三年级时写了这样一段心里话：

有一次，我在外面玩得兴起，就忘记告诉爸爸我晚点回家的事。回到家后，爸爸就对我拳脚相向，嘴里还训斥着我："打断你的腿，看你还有没有下次！"我想，我下次不这样还不行吗？于是我赶紧和爸爸说："没有下次了，下次我再也不敢了。"不说还好，说完这句话之后，爸爸又对我踹了两脚。我真想对他说："爸爸，你下手这么重，你忍心吗？"

别认为男孩小就没有自尊心。对于男孩来说，打骂是身心上的双重伤害，尤其是心灵上的伤害尤为严重。儿童生性爱模仿。他们一天中的大部分时间都与父母生活在一起，他们的学习、品德、健康、卫生、安全、礼貌、交往、兴趣、情感、劳动、消费等方面都受到父母的深刻影响。

父母的言行和待人处事的方式都在潜移默化地影响着孩子，孩子的一些行为习惯的形成就和父母有关。

大多数情况下，家长打完孩子还会反问孩子："你知道因为什么打你吗？"孩子一脸茫然："不知道。"当孩子犯错时，应该正确、清楚地告诉孩子错在哪里，希望孩子改正。

当孩子犯错的时候，家庭成员可以在这个时间段内不理他。一旦孩子停止这种行为，立刻给予表扬。此外还要耐心等待，平静倾听。

对孩子要有耐心，能给予他们改正错误的时间和机会。父母不要表现得那么暴躁，要表现出自己坚定有力的那一面。要表达出自己的观点，而不是对孩子一味斥责，与此同时还要倾听孩子的观点。

那么，我们应该对男孩的错误行为听之任之吗？当然不是，问题是如何把惩罚和让孩子认识到错误的方式合理结合。只骂孩子不打孩子，也不是一种可取的办法。父母在气头上，骂孩子大多口无遮拦，想起什么骂什么，什么话狠就骂什么，因此常常会骂孩子一些侮辱性的语言，这样虽然不会给孩子造成肉体上的痛苦，但对孩子的心灵伤害极大，会严重地损害男孩的自尊心。

> **父母对孩子的知心话：**
>
> 很多父母认为教育男孩就应该打，这样才能"棍棒底下出孝子"。我们一直不同意这样的观点，因此，也一直没有这样教育你。我们通过与你建立友好的关系、耐心的沟通、采取鼓励的方式，发现你不仅快乐地成长，而且也非常孝顺。我们为此感到很高兴和欣慰，因为我们不仅收获了一个孝子，更让你收获了一个快乐的童年。

第三章

男孩就要挫折教育，艰苦是最好的土壤

男子汉坚强的意志，都是在挫折中磨炼而出

身为男孩子，在成长的道路上需要一些挫折，也总会遭遇比女孩子更多的挫折。例如：踢球比赛输了，力气没有同学大，游戏打得没同学厉害……这些小挫折本来没有什么大不了的，它们是男孩子成长和学习最好的课堂，可以让孩子变得更加坚强、勇敢，并且养成不怕失败、坚忍不拔的顽强意志。

然而，现在很多父母却不忍心孩子遭受挫折，更不忍心让孩子遭遇失败。孩子遇到困难了，他们立即帮孩子解决；尽量为孩子铺平道路，为孩子排除一切障碍；给予孩子的永远是夸奖和掌声……直到孩子长大成人，都没有品尝过挫折的滋味。

可是，这些父母不知道的是，任何事情都需要靠自己的努力，如果父母一味地溺爱孩子，为他们铺平所有的道路，那么将来孩子很难自食其力。而且，没有谁的人生是一帆风顺的，难免会遇到这样那样的挫折和失败。如果孩子走惯了平坦的路，听惯了顺心的话，将来就承受不了任何挫折。一旦在将来遭遇挫折，孩子就会轻易地被彻底击垮，从此再也站不起来。

要不然，我们怎么会时常看到这样的报道：某某高中生一直都是一帆风顺的，学习非常优秀，可高考却因为某种原因失

利了。于是，无法承受失败和压力的孩子彻底被打败，从此一蹶不振，甚至产生了自杀的念头。

所以，在男孩子的成长过程中，父母应该对他进行挫折教育，让他们在失败和挫折中学到本领，增强勇气和抗挫能力。

小民是一个非常优秀的孩子，学习成绩很好，每次考试的时候都是班里的前几名，而且在美术上非常有天赋，作品多次在市里的少儿绘画比赛中获得金奖。可以说，小民就是老师和家长们口中"别人家的孩子"。不管是在生活还是学习中都表现出色，他收到了无数的鲜花和掌声。

然而，听惯了掌声和顺耳的话，做惯了顺心的事情，走惯了平坦的道路，小民难免有些飘飘然起来，还形成了骄傲和自满的情绪。小民的父母意识到，如果孩子始终如此顺心，没有受到过一点儿挫折教育，一旦遇到了困难和挫折，就很容易变得不习惯，导致情绪紧张、消极、低沉，甚至因为承受不住打击而自暴自弃。

明白了这些，小民的父母开始对孩子进行挫折教育，适当地给孩子增加一些遭遇挫折的机会。小民的美术功底是非常不错的，可是并没有达到专业的高水准。所以，小民妈妈给孩子报名参加了几次专业的绘画比赛，这几次，小民不仅没能获得金奖，甚至连名次都没有。

开始的时候，小民感到非常伤心和难过，有些接受不了自己的失败。可是，妈妈对他说："虽然你获得了很多次金奖，可是你要知道，你的水平和专业画家还是有很大差距的。不过，这样的失败并没有什么大不了的，只要你继续努力，一定可以更出色。"

慢慢地，小民的抗挫能力得到了提高。为了提高自己的绘画水平，他多次参加全国性的比赛，并且时常向比自己优秀的人学习。

同时，小民妈妈还特意带着孩子拜访了一位北京的同学，这位同学的孩子比小民更优秀，是去年北京市的中考理科状元，已经被最出色的重点高中录取。

在做客的时候，小民妈妈让小民见识了那个孩子所获得的奖状以及各种比赛的证书。回到家之后，小民就郁闷了，他对妈妈说："妈妈，我今天才知道什么是人外有人、天外有天。那个哥哥实在是太厉害了！如果我们在一个城市、一个学校，我肯定无法超越他。"

妈妈笑着说："对啊！那个孩子真的非常优秀！不过，你也不差！只要你不炫耀自己，努力地学习，肯定也能超越他的！更重要的是，你要知道，如果你没有敢于应对失败的心，那么就永远也无法真的成功。"

可以说，小民的妈妈是非常聪明，且用心良苦的。她有意识地设置一些困难和障碍，有助于培养小民良好的心态和承受挫折的能力。

当然，父母也应该明白对男孩进行挫折教育的时候，切不可过分地打击孩子的自信心，更不能给孩子增加太大的障碍。否则，孩子的情绪就会低落，失去自信心和勇气。同时，当孩子遭遇挫折的时候，父母要多鼓励、肯定，让孩子摆脱失望、伤心等不良情绪。

**父母对孩子
的知心话：**

　　孩子，你要明白，男孩一定要有意识地吃苦，经历风雨的历练和洗礼，在生活的磨难和挫折的打击下，如同高尔基笔下的海燕一样顶风冒雨前进，这样才能坚持进步，持续成长，才能让自己变得更加强大和无所畏惧。

男孩没有那么脆弱，别怕他摔得遍体鳞伤

　　男孩子天性爱动，喜欢室外活动，喜欢冒险。但在现实生活中，很多父母过于宠爱孩子，哪怕是男孩子也怕磕着碰着，给予他们无微不至的保护。有些父母对于孩子的保护简直应了那句话，"含在嘴里怕化了，捧在手里怕摔了"。

　　他们把孩子当成一触即化的"糖"或者一碰即碎的"玻璃"，哪怕是男孩子也禁止他们做所有"危险"的事情。孩子想要自己倒水的时候，他们立即跑过去，小心翼翼地说："乖孩子，快把水放下，不要把自己烫到"；孩子在公园中和伙伴们追逐的时候，他们也会急匆匆地大声喊道："宝贝，你可不要到处乱跑，要是摔倒了就糟糕了"……

　　等到孩子十几岁的时候，他们仍把孩子保护在自己的保护伞之下，不放心孩子和小朋友一起去春游……

　　结果，这样的孩子被父母保护得太好了，经不住任何的风雨打击。他们真的就像是易化的"糖"或者易碎的"玻璃"一样，一旦遭遇些许的挫折和困难，就会被伤得遍体鳞伤。

　　松松已经是一名小学生了，但是老师发现，这个孩子和其他孩子有很大的区别。简单来说，就是动手能力和自理能力非

常差。

课间时间，老师让同学们把书包收拾好，课桌上留下下堂课需要的课本，然后把其他东西都放进书包里。其他同学几分钟就做好了，把书包整理得整整齐齐、干干净净，可是松松却坐在那里一动不动。老师询问之后才知道，松松妈妈从来不让孩子做这些，他根本不知道怎么做。

体育课上，体育老师让孩子学习跳绳和跑步，其他同学都高兴地运动起来。可是，松松依旧站在那里不动，当老师问他缘由的时候，他竟然给出了令老师哭笑不得的原因："老师，我妈妈告诉我不能乱跑乱跳，否则摔倒了会很疼的！"

事实确实如此，松松妈妈平时对孩子是百般呵护，简直就是"含在嘴里怕化了，捧在手里怕摔了"。松松蹒跚学步时，妈妈在一旁小心翼翼地守护着，一旦孩子摔倒了，她就立即扶起孩子，心疼地又哄又揉。之后，妈妈对于孩子的所有行动就更在意了，不让攀高，不让跑跳，更不让他自己动手做任何事情。

所以，松松都已经7周岁了，自理能力非常差，而且胆子也非常小。更令老师担心的时候，这孩子内心非常脆弱，具有非常严重的"蛋壳心理"。

一天，老师看到松松一个人待在楼道里，脸上还挂满泪痕。老师轻轻地走过去，语气和蔼地问道："松松，你怎么在这里站着？现在已经上课了，你为什么不回去上课呢？"

谁知见到老师来了，松松的眼泪竟然流得更多了。他一边哭一边说："老师，我想回家，想要找妈妈！"

老师耐心地问道："发生了什么事情吗？你可以和老师说说

看。现在你已经是小学生了，已经长大了，不能一遇到事情就找妈妈。"

松松看了看老师，断断续续地说："有几个同学……他们欺负我……他们不愿意和我一起玩儿……"

经过了解，老师才知道事情的来龙去脉。原来这几个男生比较活泼、好动，时常在一起追追跑跑的，所以很少和松松在一起玩。课间的时候，松松见一个男生拿出了一个非常漂亮的转笔刀，就小心翼翼地说："你这个转笔刀真漂亮，能让我看看吗？"

那个男生调皮地说："你妈妈让你玩刀子吗？难道你就不怕受伤吗？"说完，他就和几个男生一起哈哈大笑起来，然后跑到操场疯玩去了。这下，松松感到万分委屈，就躲到楼道里伤心地哭了起来。

就是因为松松妈妈把孩子保护得太好了，把孩子当成"易碎品"。结果，在成长的过程中，松松变得越来越娇贵，真的变成一个"易碎品"。他不仅性格娇气，身体娇弱，心理更是脆弱无比。

一位教育学家曾经说过：孩子的小时候，父母给孩子什么样的教育，孩子就会成为什么样的人。如果父母把孩子当成弱者，什么事情都不让他做，那么孩子就永远不会变得坚强独立；如果父母把孩子当成"易碎"的玻璃，小心翼翼地捧在手心里，那么孩子终究会脆弱不堪，很容易被摧毁。

作为父母，如果你真的爱孩子，那么就应该收起那份过分爱孩子的心，不要过分地保护孩子。况且，虽然孩子年纪比较小，但是他们并没有我们想象中的那么脆弱，更不是什么易碎的玻璃和易化的糖果。

　　该动手的时候，让孩子自己动手；该独立的时候，让孩子独立；同时在保证孩子安全的情况下，让孩子尽量大胆地尝试。那么，孩子就会拥有坚强的翅膀和内心，成长为一个勇敢、自信的孩子。

父母对孩子
的知心话：

　　没有一个孩子是玻璃做的，我们一直深知这一点。从小，我们就明白，你是男孩子，需要经历一些困难和挫折。因此，你学走路、学骑自行车时，当看到你跌倒后，我们都鼓励你爬起来继续。因为只有这样，你才能从一次次困难中学会坚强，才能成为真正的男子汉。

培养男孩的抗挫能力，要学会放下负担

挫折，是事情超出预期时的一种心态和感受。每个年龄段的孩子都会有不同的挫折经验，在挫折面前的表现也不同。

人生在世，难免遭遇挫折。对年纪小的孩子来说，失去最想玩的玩具，或是想吃零食的时候妈妈却加以阻挠，这些都可导致他们挫折感的形成。小孩子通常是通过哭闹或是发脾气的方式来表现挫折感。而当孩子年纪大一点，他们挫折感的来源就不一样了，他们遇到那些和自己预期的不一样的事情发生时，会更加表现出生气、沮丧等多种负面的情绪。

挫折对于孩子而言是无法避免的。既然挫折是无法回避的，家长就应该培养孩子面对挫折和走出挫折的能力。那么，什么样的方法才能帮助父母引导孩子走出挫折呢？适当的挫折教育就是最好的方法。挫折是一种财富，是成功必然经历的阶段，因此，父母必须指导孩子学会直面挫折。

培养孩子自信时最需要注意挫折教育的方式方法。家长在孩子遭受挫折时没能给予正确引导，孩子就会丧失信心，遇事变得软弱。因此家长就要合理地引导孩子，让他们学会坦然面对挫折，培养对挫折的承受力和意志力。但也不要让孩子太轻易成功，如果总是成功，孩子会觉得自己比别人都强，结果导致孩子自大自负，目空一切。

大多数孩子遭遇挫折后很容易产生消极情绪，面对挫折他们往往选择的是逃避的方式。比如，有的孩子在大考当天忽然就会拉肚子或发烧，这种孩子都有一个错误的逻辑，怕受挫折，害怕失败，他们认为放弃就不会失败。能改变这种情况的唯一手段就是父母在孩子遭遇挫折时，应当教育他们要勇敢面对挫折，要有战胜挫折的勇气和信心。与此同时，父母还要叮嘱孩子不要担心失败而畏首畏尾，要放心大胆地去干。失败一点也不可怕，也没有什么大不了的，失败可以再来。

父母要引导孩子在不断的失败、不断的挫折中磨炼自己的意志。孩子在不断的困难当中经受磨砺并战胜困难，他们的勇气会因此而得到激发，战胜困难的欲望也就越发强烈。这样，恐惧心理也就随之消失，而自信心也会随之越挫越勇，这时的孩子已经完全具备了抗挫折的能力。

心态决定一个人的命运，一个人具有良好的心态就具备在任何环境和条件下生存的能力。那些在逆境中成长起来的人往往比常人更加具有竞争力。

美国著名心理学家特尔曼教授和他的学生柯克斯博士曾对300多位伟人进行了分析与研究，通过研究他们发现这些伟人无一例外都具备了积极乐观的性格。对于青少年的成长来说，积极乐观的性格对他们的影响是巨大的，但是人的性格是在后天的环境中逐步形成的。从实践中能逐渐培养出良好的性格来，同样，实践也能培养出不良的性格。

一个背负沉重行囊的年轻人不远万里来拜访无愁大师，他说："大师，我很孤独，经过长途跋涉，我现在已经是疲惫不堪了；因为鞋坏了，我的脚也被划伤了；手上被划出很多道口子，血流不止；嗓子也变得嘶哑，为什么心中的太阳还是不能被我发现？"大师问："那你为什么不放下你的包裹呢？"青年说："这个行囊对我来说太重要了。里面装满了沿途所有的痛苦……也正是因为它，支撑着我找到了您。"

大师将这个年轻人带到河边，并划船渡过了这条河。上岸之后，大师对这个年轻人说："这条船归你了，你把船扛上赶路吧！""我的天呐，怎么会扛着船赶路呢？"青年人感到万分惊讶。大师微笑着说："是的，孩子，你怎么可能扛动它呢？船在我们渡河时是有用的。但过了河，我们就要弃船而行。否则，我们背着这条船上路的话，它就会成为我们的累赘。痛苦、孤独、眼泪、灾难都能提炼我们的人生，让我们从中受益，但要是紧紧抓住这些痛苦不放，它们也就成了我们人生中的包袱。学会放下吧！孩子，生命中不能有太多的负重。"听完大师说的这些话，年轻人有了感悟。正如大师所说，人生的旅途中不必背负太多。

教育孩子的过程也是一样，我们一定要时刻提醒自己，也帮助孩子放下那些不必要的负担。教育孩子不要因为小有成就就骄傲，也不要因为遇到困难而打退堂鼓。因为这两种情况都会造就孩子骄傲和悲观的性格。从孩子现阶段的性格来看，家长们应该对孩子的性格有一个明确的认识，"性格可塑"这个道理必须要明确，这样才能培养起孩子积极乐观的性格。

　　对于孩子成长阶段最为重要的就是塑造孩子的性格。孩子小的时候我们可以给他们提供温暖的住所、美味的食物，但是孩子终究必须独自生活。如果孩子缺乏独立生存的能力，最后只会被社会抛弃。因为社会同自然界一样：物竞天择，适者生存。所以，我们的孩子一定会在成长中遭受挫折。我们要帮助孩子及时化解那些因为挫折而产生的种种悲观情绪、不良情感或心理障碍，这样就不会导致悲观性格的形成。孩子能够形成乐观的性格往往取决于父母对他的态度。

　　每一个未来可能会大有作为的人都是把命运掌握在自己手里的人。孩子遇到了挫折就容易产生逃避情绪，父母一定要教育孩子面对挫折时要鼓起勇气，要有战胜挫折的信心。我们要让孩子明白一个道理，人生中的困难只是暂时的，一次失败不代表一生失败，一定要鼓励和引导他们相信自己，通过自己的努力和坚毅能够战胜一切困难。

　　正如叔本华所言："事物的本身并不影响人，人们只受对事物看法的影响。"一旦孩子受到对事物看法产生的影响，那他们的生活就会发生巨大的变化。心态可以影响孩子在未来的道路中如何看待事物，可以影响他们的认知程度和结果。只有真正积极的人生态度能帮助孩子最终战胜生活中遇到各种问题，能帮助他们更好地发掘自己的潜能，走上成功的道路。

　　很多父母持这样一种观点，他们认为越是年龄小的孩子，其心理承受能力就越弱，所以不敢让孩子遭遇过多的挫折。其实，挫折对孩子而言还是有帮助的。能够经得起挫折并能战胜挫折的孩子，往往从挫折中塑造了良好的性格，同时还提升了他们实际应对事物的能力。所以，家长有义务让孩子对挫折有个清晰和正确的认识，继而引导孩子正确面对挫折，父母也可以将自己曾经遭遇挫折和战胜挫折的经历告诉孩子，进而用这些事例暗示和引导孩子战胜挫折，培养他们面对挫折的勇气和信心。

父母对孩子的知心话：

　　培养你一些独立生活的能力，让你能够很好地分析问题，解决问题，这就是挫折教育的出发点。没有谁的人生会一番坦途，太多的事实在告诫我们做家长的，要想让孩子获得更幸福、更有价值的人生，就必须培养孩子具有良好的抗挫能力。就像歌里唱的那样：不经历风雨，怎么见彩虹！

男孩需要从小明白，赚钱不是一件容易的事

很多男孩子兴趣广泛，看到什么买什么，根本不考虑贵不贵，父母有没有钱的问题。因此，在教育男孩的时候，要让他明白赚钱的不易，生活的艰辛，他才懂得体恤家长的辛苦，进而养成不浪费、勤俭的好习惯。而让他最直接体会赚钱艰辛的方式，就是在现实生活中，让他不断体验如何去赚钱。

曾看到过一篇小学生写的作文，文中写了他洗车的经历，很值得一读：

老师给我们布置了一项寒假作业：靠自己的劳动获取五块钱的酬劳。我还愁用什么方法挣这五块钱的时候，突然在父母聊天的内容中得知，因为快过春节的缘故，洗车的费用比平时贵了一倍，洗一次三十元。真是踏破铁鞋无觅处，得来全不费工夫。我自告奋勇地说："爸爸，我洗车只收十元钱，价格公道吧？"在爸爸看来车是他的命根子，爸爸用疑惑的目光看着我。但在我的几番攻势后，爸爸终于答应了我这一要求。

我做事从不拖拉，我马上找来了水桶、毛巾、手套，把湿毛巾拧干后用力地擦着车门。一下，两下……为了让老爸这个客户能够满意，我使出浑身解数，认真地擦着每一个角落。但

我越是卖力，车门就越擦越脏。站在一旁的老爸已经对我无可奈何了，我就当什么也没发生过，依然我行我素地擦着。

真是天公不作美，越冷老天爷越是要下雪。我那已经被冻得通红的小脸蛋上沾满了雪花，雪水融化后打湿了我的衣服，慢慢地，外面的衣服冻成了硬纸壳，而内衣却被汗水浸湿。费了半天劲一扇车门还没擦完，我真后悔做这个决定，但我不能做那种言而无信的事情，我一定要坚持把这项工作做完。雪漫天飞舞着，不一会儿，已经有一层薄薄的冰冻在了车身上。我小小的身躯在风雪交加中围着汽车转来转去。

这车擦得连我自己都看不下去了，爸爸终于忍不住了，叫停了这项任务……

虽然我没能完成这项工作，但爸爸还是支付了那十元钱的酬劳。当爸爸将钱放在我手中时，我的眼眶里饱含着热泪。我这时才发现：看起来简单的事情做起来并不简单；回报是建立在辛苦劳动的基础上。

"赚钱"是要付出无数滴汗珠，孩子只有明白了赚钱的不容易，才能体会到生活的幸福，也就会倍加珍惜。家长在爱孩子的同时，不妨让孩子吃点苦，这样更加有利于孩子成长。

在欧美发达地区，家庭越是富裕，就越会培养孩子参与一些家务，以此达到培养孩子独立做事的目的。

据调查发现，美国的孩子每周有五小时的家务要做。实际上，让孩子参与家务劳动并不是浪费时间的事情，通过做家务的实践，孩子反而会从中学到很多经验。因为看似容易做的家务，实则包含了很多小细节。

美国的父母会在每年的四月利用一天闲暇的时间，带上孩子去自己工作的地方，让孩子看看自己辛苦工作的情景，以此来让孩子明白劳动的价值观。

瑞士人提倡小学生"挣钱"体验生活。瑞士的小学里专门开设了一些打工赚钱的实践课程，以此让孩子在实践中体验到赚钱的不易。除此之外，学校还会定期组织模拟市场，让同学们从家长那儿"进货"，当然，这些"货"无非是一些吃吃喝喝的小玩意儿，然后孩子就把这些东西拿到学校的模拟市场来交易。露营、参观等活动的经费就是从孩子这些挣钱的款项中获得的。等到节假日的时候，你就会看到瑞士的一些街道和集市上有很多中小学生在拿着自制的工艺品和小食品叫卖，大多数人都会支持学生这样的举动。这是勤工俭学，也是体验生活。瑞士的孩子从小就被父母灌输了这种自食其力的思想。

据某媒体报道，某8岁富二代将通过在街头卖艺赚得的钱全部捐献给山里的孩子。男孩在街上拉琴，父亲在距离十多米的地方关注他所做的一切。7月已经是炎炎夏日，孩子每天要独自背负十几斤的装备上街卖艺表演，这是十分辛苦的。孩子因为这些伤心难过了好几次，但父亲并没有因此而让他停止卖艺，孩子只能继续站在那里拉琴。

一般人认为，富二代享受安逸生活是天经地义的事情，因为人的本性就是追求安逸，贪图享受也在所难免，何况是富家子弟。但这位父亲并没有因为富有，而让孩子安逸舒适地生活，而是让孩子体会生活的艰辛。这种举动值得我们每一位家长深思、效仿。

人活着是一个奇迹，在这个奇迹的背后是人们日复一日地辛勤劳动。钱是一分一分赚出来的，可以说，每一分钱都饱含着人们的汗水。

父母对孩子的知心话：

为了你将来能在社会上生存，并有所作为，我们不会把你天天泡在蜜罐里。要让你早日明白生存的艰难，挣钱的艰辛，只有这样，你才能用自己的双手创造幸福，做一个自强自立的人。

男孩不能娇生惯养，从小要有吃苦的精神

　　人们常说："富不过三代。"的确，如果过度放纵自己的欲望，从不培养自己俭朴的生活作风，这样的悲剧必然发生。虽然我们不能将欲望禁止，但可以对其控制。一旦变得贪得无厌就会彻底滑向罪恶的深渊。

　　与此同时，我们在教育下一代时，有必要将勤俭节约的好习惯让孩子传承下来，即便让孩子吃苦也不怕。同时应该让孩子懂得"由俭入奢易，由奢入俭难"的道理，引导孩子把有限的精力集中到学习上，而不是在追求物质享受上，培养孩子坚强的意志和完善的品格。父母要让孩子知道，人生的成功，不是靠吃穿用度，而是靠真才实学达成的。如果让孩子过早地贪图享乐，没有尝试过艰难困苦，这等于是把他们的一生都毁了。

　　当然，我们所倡导的吃苦并不是吃不饱、穿不暖的意思，而是在孩子温饱的基础下，让孩子经历必要的吃苦，从中获得感受、体验，培养孩子以艰苦奋斗为荣的精神。

　　然而，在现实生活中，随着物质生活水平的日益提高，越来越多的家庭喜欢用物质满足孩子的一切，把孩子宠得像皇帝、公主一样，要什么给买什么。即使一些条件不好的家庭，父母

宁愿省吃俭用，也要让孩子的生活与同伴们齐头并进。这并不是一件好事，家长们对孩子看似爱之，实则害之。事实上，对孩子物质上的有求必应，会造成孩子花钱大手大脚、不懂珍惜的坏习惯，他们追求物质享受，不愿意受穷吃苦。

所以，我们应该学习下面两位名人的做法，他们或者富可敌国，或者位高权重，尚且如此对待孩子，我们这些普通人，更应该学着教导孩子，避免将金钱的负面影响带给孩子。

身为"石油大王"的约翰·洛克菲勒，对孩子们非常"吝啬"。尽管他财力雄厚、富甲一方，但他从不在金钱上娇惯孩子，就连零用钱也计算得一清二楚。因为他深知富家子女比普通家庭的孩子更容易受物质的诱惑，受欲望的摆布。

洛克菲勒根据孩子成长的不同年龄来发放零用钱：10岁以下每周30美分，10~15岁每周1美元，15岁以上每周2美元，每周发放一次，保证定时定量。除此之外，他给每个孩子都准备了账本，要求他们将自己的支出明细都记录下来，每次发钱的时候他都会检查孩子们的账目。支出正当的人，下一周的零花钱可以增加5美分，反之则减少。

此外，洛克菲勒规定，孩子们帮助家长做家务的话，会获得额外的报酬，用来补贴自己的零花钱。例如，拍苍蝇、捉老鼠、清理草坪，都可以得到若干酬劳。孩子们很拥护父亲的政策，积极参与劳动，他们开动脑筋，勤于动手。二儿子纳尔逊（后来担任美国副总统）和三儿子劳伦斯（后来兴办新兴工业）一起主动承担了替全家人擦鞋的服务。这两个儿子在十二三岁的时候就一起合伙养兔子，卖给医学研究以所换取酬劳。孩子们品尝到劳动的乐趣和收获的喜悦。

后来，儿女们纷纷长大，去外地上大学，洛克菲勒依然对他们的零花钱严格管理，规定他们的消费要与一般家庭的孩子持平，如有其他用途必须额外申请。他不愿意孩子们任意挥霍，哪怕是一分钱。

享誉东南亚的"电信大亨"他信曾担任过泰国总理。他信的家境十分富裕，但他没有因为家境富有而放松过对子女的要求。

他信的小女儿贝东丹在 2004 年高考刚刚结束后，就被父亲安排到曼谷的一家麦当劳里打工。他信在女儿打工期间，特意到这家麦当劳来视察女儿的工作情况。就是那段时间，贝东丹成为东南亚媒体关注的焦点。事后，他信对此解释说："我想让我的女儿有一段体验真实生活的经历，了解赚钱的不易。因为她出生在比较富有的家庭里，我想让她得到锻炼。赚钱不是主要目的，获取一些人生经历才是最主要的。"

显然，洛克菲勒和他信知道，养成俭朴的生活习惯，经历赚钱的艰辛，对于孩子适应社会、培养责任感和进取心，具有重要的意义，这些远比金钱更让孩子受用不尽。

实际上，孩子是勤俭朴素还是好逸恶劳，绝大部分取决于父母。父母对待钱财、劳动的态度，在潜移默化中也造就了孩子的价值观。

所以，父母要以身作则，给孩子做出表率，即便再有钱，也不能一味地讲究物质生活，在孩子面前奢侈浪费。同时，父母要让孩子知道赚钱不易。只有付出，才有回报。父母要有意让孩子体验劳动的滋味，经历了艰辛，才能有所收获。比如，可以像上面讲到的洛克菲勒那样，鼓励孩子做一些家务或者兼职，让孩子打扫卫生、送报、送牛奶等，赚取自己的零花钱。这样做目的不在于让孩子赚钱，而在于让孩子明白钱财来之不易，让孩子懂得珍惜。

人们常说："可怜天下父母心。"父母终日付出的辛劳，得不到孩子应有的感激、回报，的确很可怜。孩子之所以"忘恩负义"，很大部分原因是父母没有让孩子从小参与劳动，培养孩子热爱劳动的习惯，孩子既不懂得付出，也不知道收获得来不易，自然也就体会不到父母的辛劳，不懂得感恩与回报。比如，孩子自己没有洗过衣服，他就体会不到父母洗衣服的辛苦，也就不会在意保持衣服的整洁，即使大人们说几十次、上百次，他仍旧不会注意。但凡他体验过洗衣服的劳累，他就会开始珍惜父母的劳动成果。

研究表明，从来不做家务的孩子，长大以后会产生各种各样的性格缺陷。他们由于缺乏劳动经验，不懂得知足常乐，不懂得珍惜他人的劳动成果，看不起体力劳动者，在成长的道路上会遇到很多障碍，渐渐地，他们会变得好逸恶劳、狭隘虚荣。

所以，父母不要对孩子"面面俱到"，应该让孩子学会自己的事情自己做，从小鼓励孩子做一些力所能及的事情，培养孩子的独立性和责任心，让孩子学会自律，杜绝形成好吃懒做、依赖父母的坏习惯。一旦孩子有"不良"行为出现，父母可以制定一些家庭规范来约束孩子，规整孩子的行为。同时，督促孩子承担家务劳动，让孩子体验真实的生活，享受劳动的快乐，只有辛勤的付出，才能体验到收获的喜悦。

父母对孩子
的知心话：

　　我们一直认为，身为男孩子，你就应该从小多吃一些苦。俗话说得好，"吃得苦中苦，方为人上人"。我们并非希望你做什么人上人，但我们明白，若是你从小不知道什么是苦，那么将来也不会珍惜得来的那份甜。

第四章

教育要学会宽容，男孩有些小错无须计较

男孩无意间的过错，给予一定宽容

男孩子在成长的过程中，调皮捣蛋、不小心做错事的情况经常发生。孩子因为自己无意间犯的错误也会感到深深的内疚和自责，家长在这时不应该批评孩子，批评只会造成彼此间亲情的疏远。以后孩子如果再次不小心犯错，他们很可能会编造谎言故意隐瞒。还有就是一味地指责和大骂不能让孩子改正错误本身，只能是对父母心生恐惧和厌恶。当孩子犯了错误以后，父母的宽容实际上是在无声地告诉孩子："你是好样的，只是偶尔犯了错误而已。"

有时候，孩子好心做错事，父母对孩子的宽容在这时就显得尤为重要了。父母首先要表扬孩子的出发点是好的，然后和孩子一起分析错误的出处，并给予正确的指导和帮助。孩子因为得到了父母的理解和宽容而心生感激和愉悦之情，他们会时刻牢记父母对自己的建议，并努力改正所犯下的错误。

史蒂芬·葛雷是一个非常有成就的科学家。

幼年时的他某次不小心把牛奶瓶打碎在地上。母亲并没有因为他的失误而对他大声斥责，而是夸赞他道："孩子，你太有艺术细胞了，牛奶在地上画白云是一个很棒的创意！反正牛奶已经洒在了地上，你应该在收拾它之前，再多画一些有创意的东西。"

孩子这样做了。

过了几分钟，母亲对他说："好吧，现在让我们一起把地面清理干净吧。"

于是，史蒂芬·葛雷乖乖地和母亲把地面打扫干净。他的母亲紧接着对他说："孩子我们再次在瓶子里装满水，你试试看是否能够拿好。"

史蒂芬·葛雷发现，只要双手抓牢瓶子，那么瓶子就不会掉在地上。

史蒂芬·葛雷在多年后这样回忆道："从那一刻我明白了犯错不可怕，只要能改正，并且从中学到东西就好。"

毫无疑问，葛雷的母亲是具有教育艺术的，她深知用宽容去对待孩子的过失。经过和孩子慢慢沟通，可以达到让孩子改正错误的目的。孩子因为得到宽容，也从大人那里学到了一些做人的道理。自信的孩子懂得自我接纳，因为他们生活的环境很包容；孩子不自信的原因是每天承受了过多的责备和压力。

如果父母对孩子不小心造成的错误给予宽容，会使孩子内心受到深深的自责，并在懊悔、内疚中对自己的过失进行冷静的思考，促其在父母的宽容中去痛改前非。

张亮最近新买了一辆纯白色的汽车，很是喜欢，每天都当宝贝一样地擦拭。

有一天，张亮 5 岁的儿子看到了爸爸停在门口的白色汽车，忽然有了一个想法：汽车这么白一点都不好看，我要给爸爸画一个好看的画，让爸爸的汽车变得更漂亮。于是，他拿出在培训班学习时的笔和颜料，开始在爸爸的汽车上作画。

等张亮从楼上下来，看到他每天都擦拭的宝贝被儿子已经涂得乱七八糟，瞬间就火了。但当他想教训儿子时，看到儿子很认真地画着，而且还用歪歪扭扭的汉字写着"我爱爸爸"，火气瞬间荡然无存。

儿子回头看到爸爸来了，高兴地问道："爸爸，你看我画得好不好看？"

张亮笑着看着儿子，说道："你画得真棒。不过，你有没有想过，你这样在汽车的脸上和身上乱画，汽车多难过啊。要是有人在你的脸上和身上这样画画，你也不愿意，也会很难过，对不对？"

儿子抬头认真地思考着爸爸的话，然后点了点头。

爸爸摸着儿子的脑袋，说道："那你记住了，以后画画要在纸上画，这样画出来的图案才会漂亮。不可以在其他的东西上画画，知道了吗？"

儿子低下了头，说道："知道了，爸爸，我知道错了，以后一定不在汽车或者其他东西上画画了。我只在白纸上画画。"

"我儿子真聪明，爸爸一教就明白了。你也不是故意在汽车上画的，爸爸不怪你。你不是喜欢玩水吗？和爸爸一起来洗车好不好？"

"好啊，好啊！我现在就把汽车洗干净，让汽车的脸和身体又是白白的。"说着儿子兴高采烈地上楼去拿洗车的用具。

在家庭教育的过程中，父母应该学会宽容。宽容这种教育方法是平等的，父母不会再为孩子的错误而耿耿于怀，宽容教会了家长和孩子平等沟通，让孩子感受到父母对自己的关爱和鼓励，孩子今后在面对挫折和困难时，会拿出加倍的勇气和信心来面对，最终走向成功的一天。

面对孩子所犯下的错误，父母要以理解的心态正确引导和对待，这样才能让孩子改正错误。谁没犯过错误，孩子也需要纠错的机会，父母不要因为孩子犯一两次错误，就不敢让孩子去动手做事了。

当然，父母在宽容孩子的错误时，也应该把握一个度，做到宽严相济、松紧有度。宽容是好的教育方式，但也要注意把握尺度：第一，孩子已经意识到自己犯错，并因此深感内疚和自责，这个时候可以运用宽容手段。第二，面对孩子的错误，父母只能宽容而不能选择迁就的方式来纵容孩子。孩子犯错了，家长应该在交流方式上让孩子感到错误的严重性，并因此而改进。家长不能抱着想起来就管，想不起来就不管的态度，这样会让孩子感到犯错无所谓。第三，宽容的最终目的是帮助孩子纠正自己的错误行为。

父母对孩子的知心话：

　　我们对待你犯的过错，以前太过于粗暴，不了解那些错原来是你无意为之，更不知道你在犯错后自己内心已经很内疚和自责。我们以后绝不会再粗暴地对待你，而是会和你一起分析错误的出处，并给予正确的指导和帮助。

有些男孩习惯不好，但并非是"问题孩子"

在家长眼中，很多男孩子好像永远是个"问题"，他们总是有这样那样让家长们不满意的地方。对那些有坏习惯和坏毛病的孩子，我们冠之以"问题孩子"的称谓。与好孩子、乖孩子的听话、乖巧、学习成绩好、尊敬师长不同的是，家长眼中的"问题孩子"多表现为行为叛逆、上网成瘾、厌学逃学、早恋、自闭、对亲情冷漠、经常性打架等。然而，我们总是把问题表面化，"问题孩子"固然让我们头疼，然而，"问题孩子"的形成并非一朝一夕，这是一个长年累月的过程，"问题孩子"带给我们的启示，远不是他们表面上顽劣不堪的行为，而是支撑他们行为背后的心理状态。对"问题孩子"采取错误的教育方法只会把他们推向更深的深渊，让他们走上不能回头的弯路。根治需要良方。每个问题都有根源，孩子问题的根源往往是家长。

经常有一些家长带着自己的孩子去向心理咨询师咨询，他们有一个共同点就是：抱怨自己的孩子不是理想中的那个样子，孩子身上的问题多，有的甚至说自己的孩子就是个"问题孩子"，对孩子失望。

　　小奇的妈妈对小奇倾注了很大的心血，总希望他能在学习上出类拔萃，其他方面也都别人强，于是经常辅导小奇做功课，让他帮忙做家务，等等。这种做法引来小奇老师的赞赏，于是，妈妈对小奇的要求越来越严格了。

　　很多次，妈妈辅导小奇的时候，遇到难题，反反复复给小奇讲解，小奇一时难以理解，仍然挠头说："不明白。"妈妈一股火气蹿上来，马上就急了。小奇只好悻悻地眨巴着眼睛不敢出声，可是他还是不会做题。妈妈越急他越紧张，哪还有工夫思考呢？

　　他越不会做题，妈妈的火就越发厉害，哪怕他做家务时不小心把刷碗水洒在地上，妈妈也会斥责他。结果小奇似乎越来越笨，妈妈也越来越失望，经常对别人说："我的孩子有问题，长大了一点出息都没有。"就这样，小奇成了妈妈眼中的"问题孩子"，他无力反抗妈妈的话，只好变得越来越沉默、自卑，他不再像以前那样开心和自信。而小奇与妈妈之间也开始产生隔阂，家庭关系变得冷淡。

　　现在，很多孩子都被贴上"问题孩子"的标签。诚然，有些孩子确实存在着这样那样的问题，有可能你的孩子天生内向，不爱说话，表现得孤独而自卑，在学校、社会上表现得都不如你所愿，你也曾试图教育自己的孩子摆脱这些问题的困扰，但最后还是失败了。于是，我们常常看到家长用悲观的态度去审视自己的孩子，对孩子未来的前途充满失望，而他们的孩子也总是目光麻木、反应迟钝，没有了生命最初的那种剔透灵动，神采奕奕。

"问题孩子"最大的悲哀在于孩子自身并没有放弃、否定自己，社会和父母却已经放弃、否定他们了，把孩子放在社会的对立面，孩子只能变得更孤独、沉默甚至冷漠。这样对待孩子，孩子怎么会有自信的心态呢？孩子需要鼓励而不是批评，孩子身上的优点都是因为鼓励而被激发出来的。通过研究发现，孩子不经常受到鼓励，他的潜能只能开发到 20%~30%，而如果是经常受到鼓励的孩子，能开发出 70%~80% 的潜能。孩子是否喜欢和承认自己，在很大程度上取决于父母对他的爱，如果父母能对孩子充满赏识，他就会在这种爱的氛围中充分地肯定自我，家长是孩子的监护人，不能随意践踏孩子的自尊，尤其是那些本身存在着问题而被社会所排斥的孩子。

刚开学一个月，何老师就收到一位同学的来信，这封信的内容让何老师很震惊：老师，我觉得活着没有意思，我想自杀，我恨我爸爸妈妈。

何老师赶紧找到这位写信的同学，并与他展开了深入的交谈。原来，小男孩的父母给他制造了太大的学习压力，每次考试都要求他考进前三，而且必须考上名牌大学。"他的家庭条件也不怎么好，全家人都指望着他呢。上中学后，他看到了很多成绩优秀的同学，这让他感到很担忧。"何老师说。

现在，家长多以学习成绩作为判断孩子的唯一标准，孩子学习成绩好，就是好孩子，反之则就是"问题孩子"。"问题孩子"的标签压得孩子透不过气来，而父母的批评则让孩子彻底失去了承认自己的信心，让他们在"问题"的道路上越陷越深。一个本就内向、孤独的孩子如果得不到父母的肯定，一味地遭受父母的批评和责骂，他只会变得更加的孤独内向，破罐子破摔，哪还有去改变自己的决心和信心。生活在指责声中，他就学会了自卑，学会了冷漠，学会了否定自己，根本不可能做任何的改变。

人之初，性本善。一个孩子赤裸裸来到这个世界上，就像高山上的泉水，没有一点杂质，而最先迎接他到来的是父母。父母希望孩子永远能保持自己纯净的状态，不沾染一点儿杂质，然而，在溪水的流动过程中，总有这样那样的杂质汇入，孩子也是一样，在他们的成长过程中，总有这样那样的缺点，让父母不满意。父母要做的不是责备，而是反思，孩子这些缺点是如何形成的，应该怎样帮助孩子改正这些缺点。如果能这样想，就能减少对孩子的身心伤害，做家长的反而多了一分进步。

人非圣贤，孰能无过，更别提年幼的孩子了。看到孩子的诸多缺点，父母当然着急，但是，请不要轻易地说自己的孩子是"问题孩子"，不要忙着给自己的孩子贴标签，标签一旦贴上孩子的后背，就不再容易取下。父母不妨先想一想，我们是否是"问题孩子"背后的"问题父母"，想要让自己的孩子脱离"问题"的苦海，父母必须学会教育孩子的方法，改变孩子从改变自身开始，对症下药，才能治本，解决好父母自己的问题，问题孩子一样可以变成出色的孩子。

父母对孩子的知心话：

　　孩子，以前对于你很多过错，我们对待的方式有错过。如今，我们明白了，惩罚并非唯一让你改掉错误的方式，宽容对待才是让你更容易接受，也更有效的方法。以后我们会以平等的方式和你进行沟通，让你明白其中的道理。相信你这么聪明，一定能够改掉坏毛病，成为一个好孩子。

别把是否听话，当作衡量孩子的标准

很多男孩子被家长认为淘气，而这个称呼多是形容那些不听话的男孩子。他们爱惹是生非，爱给家长添麻烦，让人很头疼。家长再三劝告、批评，效果仍然不好。这样的孩子，就会给人笼统地归结为淘气。淘气的孩子常常让家长感到头疼："他一刻也闲不住，跑到这儿又跑到那儿"，"他天天和我们唱反调儿"，"他们搞得恶作剧真能把人气疯了"……

与淘气相对应的，就是所谓听话的孩子了。家长常常把听不听话作为衡量孩子的标准。表面上看这是家长要求孩子对自己的态度问题，实际上长此以往下来，孩子就养成了顺从的性格，没有独立的性格。然而，家长根本就没有意识到这样只能助长孩子的依赖性，孩子凡事都听命于家长和老师，一点独立思维，一点独立做事的能力都没有，长大后这样的孩子如何立足于社会？更谈不上对社会有所贡献了。

一次家长会上，老师提了一个问题："认为自己孩子不听话的，请举手。"

大多数家长举起来手。其中有几位家长好像认为这是多么让人尴尬的事情，他们都低着头。

"为你们有个不听话的孩子感到高兴！"老师大声地说道。

听到这话，那些举手的家长一脸困惑的表情。

"听话就是按父母的话去做。"老师接着说。

在场的家长都点了点头。

老师又问："如果做人最成功是100分的话，你们给自己评多少分？"

大部分家长认为在70~80分。

老师又问："想不想让你们的孩子有个更精彩的人生？"

家长们齐刷刷地说道："那必须想啊！"

老师说："听家长话的孩子就是在复制别人的人生，谈不上超越。他们这样最多只有70分的表现，还谈不上染指冠军。"

听完这话，家长们都低下了头。

道理就是这么简单！

淘气只能说明孩子拥有好动和求知欲望强烈的性格，但在大多数家长看来，这样的孩子让人十分头痛。殊不知，孩子过于听话就会丧失自己的独立思考能力，家长也因此忽略了培养孩子其他潜能的想法。

现实生活中，大多数父母都喜欢听话的孩子，他们认为这样的孩子将来一定能有所作为。但实际上听话的孩子独立性差，创新能力要远远低于其他同龄人。

要是以听不听话为标准来衡量孩子的话，这是典型的封建教育思想在作祟。而要适应当今社会，缺乏独立和创新意识，是无法在这个社会上立足的。特别是我国在改革开放后，拓宽了人们的视野和思维，就更要求人们具备开拓进取的精神。新的社会制度，人们就要跟着发生改变，改变从前的观念，如果遇事毫无主见，凡事听命于人，这样的人怎么会有一番作为呢？因此，家长必须根据社会发展的需要，更新旧的评价标准，不能盲目肯定听话的孩子，也不能一味否定不听话的孩子。

　　没有哪个孩子是不淘气的，只是淘气的程度不同罢了。孩子不听话、淘气的举动正是聪明的表现，因此家长必须要跳出"听话教育"这个束缚思想的误区。大多家长希望自己的孩子能有些创造性，但当孩子真的表现出一些不同于别的孩子的特质来，父母就又开始担心了。不听话就是这种特质的表现之一。其实"不听话"也是有其存在的道理的。因为这样的好奇心正是创造的种子，应该倍加珍惜、培育和赏识。对于孩子的淘气行为，家长要有宽容、理解的心。

父母对孩子的知心话：

　　男孩哪儿有不淘气的，你的好动说明你有求知欲和探索欲。虽然很多父母都喜欢安静、听话的孩子，但我们觉得你这样挺好。你要是过于听话，会让你丧失独立思考的能力。不听话是好奇心创造的种子，我们会倍加珍惜你这样的品质。对于你的淘气行为，我们会宽容和理解。

孩子犯了错，不可不由分说地责备

　　很多家长认为，孩子做错事就应该受到责备，不能纵容孩子再犯类似的错误。当然，父母批评责备孩子本没有错，但凡事都要有一个衡量的标准。即便孩子做了错事，也要弄清他们为什么犯错，犯的错误到底有多严重，然后再找出相应的对策。如果家长只凭一时愤怒，还没听听孩子对错误的解释，就对孩子进行惩罚，会给孩子的心理带来深深的伤害。

　　宇浩今天早早就起床了，他趁爸爸妈妈不注意的时候跑到卫生间，从洗漱台上拿起爸爸的刮胡刀就在脸上鼓捣起来。没过一会儿，在卧室睡觉的妈妈听到什么东西掉到地上，啪的一声，紧接着就是宇浩的哭声。她吓坏了，迅速起身跑向卫生间，看到宇浩脸上被划了个小口子，流了点血，再看看掉在地下的刮胡刀，一下子就明白是怎么回事了。

　　本来妈妈最近工作很忙，经常加班到深夜，好不容易等到周末想睡个懒觉，偏偏这时候被宇浩吵醒，再加上她看到宇浩随便玩爸爸的刮胡刀，更是气得不行。宇浩看妈妈生气了，惊慌失措地擦拭脸上的伤口，这时妈妈不由大声责备道："宇浩，你到底知不知道你在干什么？刮胡刀很危险的，我早就告诉你这些东西大人才能用，你不要随便动。你看看现在你的脸被划破了吧，真是太不听话了。"宇浩听到妈妈怒不可遏的声音，更是吓得哇哇大哭。

妈妈只管俯身收拾掉在地下的刮胡刀，没有安慰宇浩，她只是想让宇浩记住这次教训。宇浩越来越感到委屈，不停地哭，虽然声音变小了点，眼泪却没有停止。

其实宇浩一直是个听话的孩子。如果父母说别碰水壶，会烫手，他就不会去碰；如果父母说别随便开水龙头，会把衣服打湿，他也不会去玩。爸爸认为宇浩跑到卫生间玩刮胡刀很反常，一定有什么事情，如果没有原因，他相信宇浩不会随便动大人的东西。爸爸把正在哭泣的宇浩抱了过来，耐心地询问道："宇浩，你今天为什么要用爸爸的刮胡刀啊？"宇浩回答道："张老师在班上给我们排情景剧让雨欣演妈妈，我演爸爸。我见爸爸经常用刮胡刀，所以我也用了。"这时妈妈也弄明白了宇浩动刮胡刀的真正原因，对刚才自己不分青红皂白就大发雷霆的行为感到很后悔。

其实，父母保护孩子远离危险本无可厚非，但是当孩子做错了事，父母在没弄明白原因的情况下直接责备，也显得不近人情。孩子虽然年龄还小，思想不成熟，对一些事情考虑得不周到，但有些时候，他们犯错也是有原因的。父母在张嘴责骂孩子之前，不妨先听听孩子怎么说，弄明白事情的原委再发表意见。这样做，不但是给孩子机会，也为自己与孩子之间的关系更近一步提供了机会。

很多父母面对孩子犯错，第一反应就是责备，这显示出他们无法处理好这件事情的无奈和无助。须知，孩子也是有羞耻心的，也是要面子的。如果他们真的犯了错误，一定会心存愧疚，但是如果因为某种善意而犯了错误，恰在此时，家长又没有倾听他们的解释，草率处理，就会让孩子在心理上无力承受，他们感到伤心委屈，对自己所做事情的对错失去判断。

萌萌今年4岁，是个聪明伶俐的孩子，不过他也很调皮捣蛋，经常在家里跑来跑去，弄得身上脏兮兮的。那时妈妈每天上班，奶奶在家陪着萌萌，而萌萌最高兴的事情，就是每天晚上等妈妈下班。

一天，萌萌看到天黑了，像往常一样等妈妈，当他听到门外愈走愈近的脚步声和同时响起呼唤"萌萌，萌萌"的声音时，赶忙过去开门。妈妈进了家门，萌萌立刻从旁边搬来一把小椅子递给妈妈。但妈妈向沙发那边走去，没有看到萌萌搬来的小椅子。当妈妈在沙发上坐下来，奶奶过来和妈妈说话，萌萌又把小椅子搬来，一个劲地说："妈妈，妈妈快坐下。"但是大人说话的声音淹没了孩子的声音，妈妈还是没有听到。见这时，萌萌把椅子搬起来直接放到了沙发上。妈妈回过头，看到沙发上的椅子十分生气，她认为萌萌故意捣乱，于是大声责备道："这么脏的东西怎么能放到沙发上呢？赶快拿下去，要不然妈妈生气了。"萌萌还在说："妈妈你坐吧。"妈妈更加气愤："你赶快拿走，不然我就再也不让你坐这把椅子。"萌萌被妈妈吓坏了，伤心地哭了起来。这时，奶奶从厨房走了出来对妈妈说："萌萌今天学了一首歌叫《我的好妈妈》，里边唱得是：'我的好妈妈下班回到家，劳动了一天多么辛苦了，妈妈妈妈快坐下……'所以他才搬来了小板凳，想让你坐在上边好好休息。"此时，妈妈想起刚才萌萌确实对自己说"妈妈快坐下"，只是自己没有看到，所以他才把椅子搬到沙发上，想要引起妈妈的注意。萌萌感到委屈，还在不停地哭。妈妈也为错怪了孩子感到内疚，赶忙把萌萌抱到怀里说："对不起萌萌，是妈妈错了。萌萌觉得妈妈上了一天班很辛苦，所以给妈妈搬来了椅子让妈妈坐。谢谢萌萌。"萌萌脸上这时才有了笑容。

父母发现孩子做错事，不要急着批评，有时你弄清前因后果后，会发现事情并非你想象的那样。就如同萌萌的妈妈，以为孩子把椅子放在沙发上是故意捣乱，而孩子这一举动却是关心妈妈。

所以很多时候，我们看到的现象只是表面的，并不能反映事情的本质，只有深入分析，弄清原因，才能找到合理的解决方式。如果孩子出于好意而犯错，却遭到家长的批评，那他肯定会认为自己做的好事并不是好事，从而对自己失去信心，以后也不会再做这件事。或是自己明知是好事，但被父母无端认为是错事，遭受批评，于是跟父母赌气对抗，导致双方的关系向不良的方向发展。

为避免出现上述问题，家长在面对犯错的孩子时，最好先不要急着责备，先倾听孩子的解释才是最重要的。

**父母对孩子
的知心话：**

　　我们以前在你犯错后，总是不听你解释而急于批评，这是我们的不对。我们太过于急躁。我们应该先听听你为何做这样的事，站在你的角度上思考。知道你为何会犯这样的错过，再和你进行探讨，这才是最好的方法。

男孩的错误，可以通过故事来教育

男孩子多动、喜欢探险、四处瞎跑，因此他们就总是会犯错，对犯了错的男孩子，父母如果直接指出，并责令其改正，效果往往不是很好，如果换一种方式，从侧面教育孩子，孩子可能更容易意识到自己的错误。

让孩子从侧面认识错误的方式有很多，故事教育法就是其中的一种。对于大人来说，运用这种方式教育孩子是简单轻松的，他们只需将孩子身上出现的错误用故事的形式再现，无须责备、生气，孩子会自行领悟。而对于孩子来说，这种方式新鲜有趣，也是他们比较愿意接受的。

故事教育法的作用多种多样，首先它可以用摆事实、讲道理的方式激励孩子。有时候，父母在孩子身上发现一些问题，但由于这些问题并非具体化的，无法用一两句话解释清楚的时候，可以用相同类型的故事或例子比喻，使孩子受到教育。

上小学的吴洋最近有些没精打采，干什么事情都提不起精神来。爸爸问他发生了什么事，他总说没什么，就是觉得自己太笨，不想学习。于是爸爸问吴洋："你知道科学家牛顿吗?"吴洋说："当然知道。"爸爸说："别看牛顿是一名伟大的科学家，可他小时候的学习成绩也不怎么好。我来给你讲讲他的故事吧。"吴洋一听爸爸要讲故事，就认真听了起来。

爸爸说："牛顿小时候出生在乡村，后来去城里念书。但因为那时候他学习成绩不好，所以在同学之中很不受欢迎，尤其受到一个成绩优秀的孩子的歧视。一天，这个学习好的孩子故意找碴将牛顿打倒在地。虽然平时牛顿总是忍让，可这次不一样了。这一打，似乎把牛顿的斗志激发了出来，他就想：'你凭什么打我，是因为你成绩比我好，还是身体比我强壮？我可不能再被别人小瞧了，这次一定要赢了你。'于是他站起来就和那个孩子扭打在一起，最终那个孩子被牛顿逼到墙角动弹不得，牛顿赢得了胜利。从那以后同学们都知道牛顿是个勇敢的孩子，没有人敢再欺负他。而牛顿自己呢？通过那次打架事件，似乎明白了一个道理，那就是人只要有勇气，不认输，敢拼搏，就一定能成功。后来他每天刻苦学习，发愤图强，遇到困难也不肯放弃，最终功夫不负有心人，他取得了全班第一的好成绩。"

吴洋听完故事，似乎意识到自己也和之前那个被人欺负的小牛顿一样，不是自己不行，只是还没有拿出勇气和拼搏精神。此后他不再没精打采，而是认真学习，虽然学习成绩没有像牛顿那样名列前茅，但也取得了不小的进步，还获得了老师颁发的特殊进步奖。

其次，故事教育法可以启迪孩子的心智，让孩子通过一些富有哲理的故事，改变自己的坏脾气和不良个性。人们常说当局者迷，旁观者清。孩子作为当局者，自然对自己的脾气和个性充满着迷茫和不解。作为旁观者的父母，虽然清楚地知道孩子的问题所在，但有时直接讲出来会伤害孩子的自尊。如果用富有哲理的故事间接表达某种意图，既诙谐幽默又委婉动听，孩子在感觉风趣的同时能不知不觉地领悟到其中的寓意。

可可从小聪明伶俐，自从他上了小学，不仅学习成绩名列前茅屡屡受到学校表彰，在特长方面也优异于其他同学。他画的国画经常被贴在学校的展示栏里，被来往的家长和学生参观。他还会跳舞、唱歌、拉小提琴，经常被老师选为班级代表参加学校的文艺演出，还收获了不少奖杯和奖状。在老师面前他是个优秀的学生，在同学面前，他是个值得学习的榜样，所以，可可不免有些骄傲自满，开始飘飘然起来。爸爸发现了儿子的问题，想找机会教育他一下。

一天，爸爸带可可到公园散步，两人坐在绿油油的草坪上，望着蓝天，感觉无比轻松惬意。这时候爸爸说："可可，爸爸你讲个故事吧，这个故事很有意思。"可可迫不及待地想听故事，于是爸爸开口讲道："这个故事叫《空杯的心态》。一天，一名大学教授给他的学生上课，他先拿起一个透明的杯子，用一些大石子将杯子装满，接着问学生：'你们看杯子装满了吗？'学生看到杯子确实被大石子填得满满当当的，于是回答说：'装满了。'教授没有说话，接着又拿出一些小石子往子里放，这些小石子很快就填补了大石子留下的空隙。这时，教授又问：'杯子满了吗？'学生们看到杯子已经被大小石子装满，于是回答：'满了。'"

可可开始没明白爸爸讲这个故事的用意，只觉得很有意思，就问爸爸："爸爸，到底满了吗？"爸爸说："我再接着给你往下讲，一会儿你就知道这个杯子满没满了。教授还是没有说话，他又拿出一些细小的泥沙往杯子里放，用来填补小石子留下的空隙，接着又往杯子里灌了半杯水，又问同学说：'这次杯子满了吗？'这回，同学们不敢随便回答，而是个个睁大了眼睛认真观察，等他们确定杯子已经被塞得满满当当，确实没有一点空隙了，便回答说：'满了。'这次教授依然不动声色，他又拿出一把盐洒进了被装得满满的杯子里，再次问道：'同学们，杯子装满了吗？'这次，再也没有学生敢轻易回答了，因为他们也开始觉得这个杯子不是那么容易装满的。"

爸爸问可可："这次，你认为这个杯子装满了吗？"可可思考了一下说："哎呀，爸爸，这我可说不好！要是这么看的话，这个杯子是装满了。"可可停顿了几秒钟又说道："可是，每次那些学生说装满的时候，教授都能再往里边倒些东西，他太神奇了，所以我就猜没有装满吧。"爸爸说："嗯，可可猜对了，这个杯子没有装满。不过这不是因为教授神奇，而是人心很神奇。人的心态就好像这个杯子一样，只要一直认为它是空杯，就能不断容纳和吸收东西。也就是说，我们只有心胸宽广，不骄傲不自满，才能接纳和包容这个世界，才能学到更多对我们有益的知识。"

通过这个故事可可明白，人要是骄傲自满就会停止进步，只有谦虚谨慎，才能不断进步。此后他渐渐改掉了骄傲的毛病。

一个有智慧的妈妈或爸爸，在发现孩子错误的时候，不会指责，也不会生搬硬套讲一堆大道理，而是会给他们讲述一个意义深刻的故事。通常来说，故事简单易懂，情节具有推动性和发展性，容易引人入胜。当孩子听完故事，会不由地与自己对比，并渐渐改善自己的不足之处。

父母对孩子
的知心话：

　　故事教育法不仅让你更愿意听，同时也更愿意接受我们告诉你的问题。相信这几年你也发现了，每次当你犯错时，我们都是通过故事来告诉你问题出在哪里，你该如何改正。这样的方式你说很喜欢，即让你明白了道理，而且也不会枯燥乏味。听你这么说我们很欣慰。希望你真的能从故事中吸取经验，明白其中道理，以后不要再犯相同的错误。

第五章

控制情绪，男孩子不能被负能量束缚

男孩都有急躁的一面，让他们学会冷静看待

小承最近很苦恼，因为他没有朋友，与周围同学的关系也不融洽。小承知道自己的缺点，就是一遇到事情就容易急躁，在与别人交流的过程中，略微不合自己的心意就表现得不耐烦。在学习、生活中，很多同学、同伴都不喜欢和他相处。小承感到很孤独。

小承小时候就属于急性子那一类的，做事任性，他想要什么恨不得马上得到，如果不能如愿就选择哭闹。在小学时，他学习比较好，有些同学向他请教问题。一开始他很乐意给别人讲解，然而当他讲完一遍同学还不明白时，他就没有耐心，就会烦躁地说："怎么还不懂呢？不就是这样的吗？"后来，同学都不向他请教了。在和其他同学讨论问题的时候，别人的思维稍微慢一拍，他就说："不说了，急死我了，你们看着办吧！"

在日常生活中，小承也是如此，做事也是常常丢三落四，显得异常匆忙。上学或放学的路上，他也总是行色匆匆，有好多次都忘记锁车。时间久了，大家都知道了他的急脾气，慢慢地远离他。虽然他有些时候能够表现出热心待人的一面，但大家还是对他避而远之。

急躁是男孩常出现的情绪反应之一。一般，急躁的男孩会有以下表现：做什么事情都想急于求成，又没什么准备计划，当遇到困难时格外烦躁；在等待未知的消息时，总会显得坐立不安；和他人发生矛盾时特别容易冲动。在学业上的表现是好高骛远，急功近利，但又不想付出努力，经过一段时间后看成绩没有起色，就放弃了；尤其是努力后却又看不到成效，就更容易造成越急越成功不了的情况出现。

小化的脾气特别急。有一次，妈妈让他去买酱油，话还没听完，他就嚷着"知道了，知道了"，跑了出去。可他走到半路才想起来自己忘带钱了，于是只好回家。回家拿了钱出来，在半路上又想不起妈妈到底让他买哪个牌子的酱油，只好又返回家去问妈妈。小化的急躁不仅表现在生活方面，在学习上也同样如此，平日不肯用功，每逢考试前两天就临阵磨枪，但这样总不能达到预期的效果。爸妈都替他着急，这孩子什么时候能变得从容一点儿？

人们产生急躁的情绪，与对问题的认识有关。当人们意识到问题的严重性时，急躁心理就应时而生了。人之所以表现出心神不安和情绪紊乱的状态，正是由急躁所致。如果急躁情绪支配了一个人做事的态度，那么这个人想要取得成功是很困难的，久而久之，自信心会因此消耗殆尽。

一般而言，男孩有急躁情绪，既有自身的原因，也有受环境影响的原因。

有的男孩急躁，是本身气质类型决定的。胆汁质类型的人容易急躁。那些充满着必胜的信念和进取心的人往往是胆汁质类型的，试图超越所有人，学习或工作比较勤奋，自觉性强，总是觉得时间非常紧迫，从而表现得急躁。胆汁质类型的人往往智力较高，能力较强。

男孩缺乏克服困难与挫折的能力也会表现出急躁的情绪。有些男孩在做一件事的态度上常常产生极大的兴趣和热情，可是，当遇到困难或挫折，例如，由于知识的欠缺或是其他原因，学习不得要领而导致失败，他们的兴趣也随之减弱。不久，其他事物又引起了他们的兴趣，结果循环往复。如此反复，由于缺乏应对困难和挫折的能力，孩子遇事就会烦躁不安。

另外，因为受到父母的过分溺爱，也容易产生急躁心理。有的父母凡事亲力亲为，不让孩子插手，久而久之孩子就养成了依赖父母的习惯，一旦脱离了父母的帮助，他们将无所适从。如果生活和学业上遇到不顺心的事情，孩子就更容易产生急躁的情绪。

嘈杂的生活和学习环境也是导致男孩产生急躁心理的原因之一。如果男孩长期处于嘈杂、杂乱、吵闹、赌博的环境下生活和学习，怎么能静下心来学习呢？长此以往，产生焦躁的情绪也在所难免。

男孩急性子，往往给他们的学习、生活带来不利的影响。父母要正确地引导，帮孩子消除急躁情绪。

要让男孩认识到急躁情绪的危害。父母应告诉孩子，不管做什么事都要注意过程，切忌急功近利，"欲速则不达"，并结合孩子以往因急躁而失败的例子讲解，使孩子认识到急躁的危害性，在情绪没有稳定时不采取行动。

要让孩子学会遇事冷静的心态，做事之前认真思考，做好准备和计划，等等，多给自己提问题，这样会使头脑冷静下来。

父母还要培养男孩良好的行为习惯，增强孩子的自制力。在日常生活、学习和工作中，加强对孩子良好行为习惯的培养，有规律的生活秩序、有条理的处事习惯，有利于帮孩子克服急性子毛病。

按计划行事，会让孩子做事情有明确的目的，不盲目，有利于孩子克服急躁情绪。父母应该要求孩子在做事情前制订好计划，明确行为目的，按计划内容做事。

父母应该教孩子自我暗示，教育孩子当遇到急躁情绪困扰自己时，就默默地对自己说："冷静解决问题，急躁无法解决问题。"与此同时，并进行深呼吸。

> **父母对孩子的知心话：**
>
> 修身养性可以调节一个人的情绪。对孩子而言，调节情绪最好的方法就是通过提升自己修养开始。这种方法能有效改善自己急躁的情绪。我们一直通过指导你绘画、书法培养你的耐心，希望这些活动可使你修养耐心和韧劲，加强自身思想修养，久而久之就会养成不急躁的习惯。

进入青春期，遏制男孩冲动的行为

　　最近不知道怎么了，总是想发脾气，看什么都不顺眼。爸妈批评我几句，我就想咆哮着回应；同学弄坏了我的东西，我就想骂他两句；老师说我一句，我就想顶嘴。我就是看不惯，父母说我是个"火药桶"，靠近就会爆炸。其实我也不想这样，可我就是控制不住。

　　这是高二男孩张晓军在网络日志里写的一段话。

　　不少男孩都有张晓军那样的困惑，他们也不知道自己怎么了，就是看到不顺眼的事情就想骂几句，遇到自己不顺眼的人就想给他两拳。虽然事后也会为自己的冲动行为感到后悔，但是到了下一次，还是控制不住自己。难道伴随着年龄长大，男孩都会越来越冲动吗？对此，父母也大为不解。

　　一位青春期男孩的母亲说："前几天，因为一件很小的事情，儿子就和我们大吵了一架。看他那架势，好像把我们当成了不共戴天的仇人。类似的现象经常出现，我们也不知道哪里惹到他了。一会儿嫌我们管他太多，一会儿又怪我们不理解、不支持他，怎么男孩越大越难养啊？"

　　为什么进入青春期的男孩容易愤怒，容易做出冲动的行为？是不是青春期的男孩在无理取闹呢？当然不是，任何一种情绪表现的背后都是有原因的。

青春期的男孩容易愤怒，容易冲动，与他们体内的雄性激素分泌旺盛有关。另外，进入青春期后，男孩的自尊心变得更强，他们更注重"面子"和自己的"地盘"。如果有谁撞了他们一下，或瞪他们一眼，或者抢走了属于他们的"东西"，他们就会觉得这是没面子的事情，就会猛烈地还击，以证明自己的强大。

当然，这也与青春期男孩不善于解决人际冲突有很大的关系。他们认为解决人际关系矛盾的最好方式就是"武力"——不服就来打一架，谁打赢了谁就是对的。在这种错误观念的影响下，男孩自然容易愤怒和冲动，容易表现出攻击性。

那么，父母应该怎样缓解男孩的愤怒和冲动呢？

1. 在孩子情绪即将爆发时喊"停"

男孩进入青春期之后，由于体内睾丸素分泌过多的影响，容易变得暴躁和冲动。面对男孩的这种表现，父母最错误的应对方式是针锋相对、以暴制暴，明智的做法是，孩子越是冲动易怒，父母越要冷静平和，不急不躁，克制自己的情绪。同时，在孩子情绪即将爆发时，及时喊"停"，让孩子的情绪平和下来，再来和孩子沟通。

李兴的家里有一个不成文的规定：任何一个人情绪激动，都不允许说话。例如当李兴想要发脾气时，父母就会马上喊"停"。然后，让李兴保持沉默，或去洗个冷水脸，或做几次深呼吸，或去阳台上看看外面，或到楼顶上大声喊出来。

通常在这个时候，家人不会问李兴情绪激动的原因。等李兴情绪稳定了，父母再鼓励他说出原因。通过这种方式，李兴愤怒的情绪总能及时得到控制，避免了做出冲动的事情。

当孩子愤怒的情绪即将爆发时，父母要及时喊"停"，设法让孩子冷静下来。还可以教孩子进行自我暗示。例如，对自己说"现在我要冷静一下"。接着，和孩子耐心沟通，鼓励孩子把不良情绪发泄出来。经常这样做，孩子就能控制不良情绪，而不会那么冲动。

2.引导男孩想象"冲动"的后果

一天，儿子放学回来，生气地说："妈妈，我真想把楼下的车砸了。"

"怎么了？"看着儿子气愤的样子，妈妈放下手头的事情，很认真地问。

原来，儿子放学骑车回家时，在小区遇到了堵车，儿子身后的一辆小车频繁地按喇叭催促，这让他特别恼火。

妈妈说："可能对方有急事吧，不然也不会那么着急。"

"有急事也不能那样按喇叭，堵车了按喇叭也没用啊！真想砸了他的车！"儿子愤愤地说。

"是的，确实挺招人烦的。可你把他的车砸了，会有什么后果呢？"

"他可能会打我，还会让我赔钱修车。"儿子说。

"是啊，别人可是成年人，可能会把你打伤的，这会耽误你学习。爸爸妈妈还要赔人家钱，是不是很不值？"妈妈问。

儿子沉默了几秒，说："是啊，太不值了，我才不跟那种人计较呢。"

"这就对了，遇到这种事情，你就要有这种不计较的心态，你才不会愤怒。"妈妈笑着说。

青春期的男孩很容易因为一时冲动做出错事、傻事，甚至做出一辈子后悔的事情。为了避免这种悲剧发生，父母可以在孩子愤怒、冲动的时候，引导孩子去想象冲动可能造成的后果。通过后果的严重性来震慑孩子，使孩子认识到冲动是愚蠢的，是不值得的，从而克制自己的不良情绪。

> **父母对孩子的知心话：**
>
> 　　我们很怕你成为一个冲动的孩子。你要明白，冲动后做的事情，往往是会让你后悔的事情。当你以后遇到什么事，头脑要发热时，首先深呼吸，想想如果你这样做了会有什么后果，不这样又会如何。当你在思考过后，就会逐渐冷静下来。

面对胆小的男孩，不要总说他"没出息"

　　每个父母都希望自己的孩子勇敢些，但总有些男孩胆子很小。有些男孩怕黑，有些男孩怕"鬼怪"，有些男孩怕独自在家，父母不在身边就会感到不安。这种恐惧心理会影响到孩子个性的发展，使孩子缺乏独立性，甚至会导致孩子出现某些心理障碍。

　　10岁的林林每晚睡觉，都要钻到爸爸妈妈的床上。他总是说一个人睡觉害怕，还说房间有"怪物"。看看别人家10岁的男孩，早就已经独立睡觉，能够独立生活了，可自己的儿子却怕黑、怕鬼，这让爸爸妈妈伤透了脑筋。

　　有一段时间，林林在爸爸妈妈的鼓励下终于敢一个人睡觉了。可是突然有一天晚上打雷了，把林林从睡梦中惊醒了，他半夜里大声尖叫。后来，爸爸妈妈给林林买了一本自然科学的书，给他讲闪电、雷声形成的原理。林林认识到雷声并不可怕，又敢独自在自己的房间睡觉了。

　　面对孩子胆小的表现，有些父母会随口说道"真是个胆小鬼""没出息"。这种做法对孩子的自尊心是极大的伤害。这不仅无法改变孩子胆小的现状，反而会加剧孩子的恐惧心理。正确的做法是，先安抚孩子的情绪，对孩子的恐惧心理表达理解。然后，再进行耐心的劝慰和解释，这样孩子才更容易相信父母，继而缓解恐惧心理。

此外，要想彻底消除孩子的恐惧心理，父母可以借鉴以下几种方法：

1. 教孩子运用暗示来化解恐惧

暗示的力量是强大的，通过积极的暗示，可以帮助孩子赶走恐惧感，扫除内心的阴霾。比如，当孩子说"我感觉晚上不安全""半夜里可能会有危险""我害怕在外面露营"时，你可以这样告诉孩子："是的，很多人都会觉得露营是件可怕的事情。恐惧的大脑正在用暗示来欺骗你，你害怕是因为你有这样的想法，而不是露营这件事真的可怕。如果你不去想，那你就不会害怕。比如，你想一想蓝天白云，想一想沙滩草坪。"

2. 教孩子根据事实来评估风险

做一件事有多大的风险，这种风险自己是否能够应对？如果孩子没有搞清楚这个问题，那么产生恐惧情绪就是必然的。因此，父母有必要教孩子正确评估风险。

通常来说，评估风险要看事实，而不是个人感觉。举个简单的例子，孩子认为如果自己独自在家，就会有坏人入室作案，这让他感到非常恐惧和害怕。你可以问他："要不我们做个测试，看看你所想的是否会发生？"让孩子独自在家待半天，你去超市买东西，看看孩子有怎样的感受。

通过实验，孩子会发现：所谓的恐惧完全是源于自己内心感受，而不是事实。有了这样的经历之后，相信孩子就不会轻易拿自己的主观感受来评估风险，然后陷入毫无必要的恐惧情绪当中了。

3. 用"怎么可能"来替代"多可怕"

当孩子遇到一件事时，他会想到"多可怕"，越想就越恐惧，越想就越不敢行动。如果父母能及时引导孩子用"怎么可能"来替代"多可怕"的念头，那么结果就会大不一样了。

例如，孩子认为坐飞机可能坠机，尽管这种可能性很低。但是，每天坐车上学放学，遭遇车祸的可能性其实是空难的几百倍。因此，如果不希望孩子被"多可怕"的念头占据内心，那就让他想想"怎么可能"——怎么可能会坠机呢？每天都有那么多飞机在空中飞来飞去，坠机的可能性有多大呢？所以担心是多余的。这样孩子才不会被恐惧情绪控制。

总之，当发现孩子存在恐惧心理时，父母要及时和孩子沟通，通过以上几种策略，帮孩子化解恐惧心理，给孩子一个阳光心态。

父母对孩子的知心话：

很多男孩子胆小，父母都会说孩子"没出息。"每次看到这样的家长时，我们都希望和他们进行沟通。男孩子也可以内向，也会有胆小的时候，为何这样的孩子就没出息呢？而且总这么说孩子，只会让孩子更加内向、更加不愿意与人交流，往往只会起到反效果。

控制孩子暴脾气，莫养成他打人的暴行

男孩子在和小朋友玩的时候，稍有不顺心时，就喜欢动手打人，尤其喜欢打家里和他最亲近的人，例如妈妈、奶奶等。对于这种行为，父母不能视而不见，一定要及早帮孩子纠正。

打人是一种攻击性行为，往往会在孩子三四岁时表现出来，换言之，三四岁孩子的特点之一就是打人。但是父母千万不要就此认为："既然这个年龄段的孩子本该如此，就随他们去吧，反正过了这段时间就会变好。"其实，孩子就好像小树苗一样，虽然每到一定时间，枝干树叶都会长大一些，但要想长成参天大树，不从小修修剪剪是不行的。

孩子常动手打人原因多种多样。他或是想达到某种目的，但又不会表达；或是管理不好自己的情绪，缺乏同情心，喜欢看别人被打后难过的样子；或者是曾在电视上看到过打人的镜头，不自觉地模仿；或者是孩子刚学会打人的时候，父母没有及时阻止他的行为，令问题变得严重了；也或者是孩子希望引起父母的关注等。但不管出于什么原因，打人始终是一种坏毛病，一旦形成习惯，再改正绝非易事。

孩子打人成自然，很容易产生暴力倾向。据研究证明，孩子 3 岁时喜欢打人，5 岁时这种行为依然存在。如果在 6~10 岁这个年龄段仍然打人，其打人的轻重程度将影响他在 10~14 岁之间与他人争斗的严重程度。这一点不仅适用于男孩，同样适用于女孩。并且，如果孩子小时候的攻击性行为没有得到制止，长大后和身边的人相处时也会带着这种攻击性行为，不但不利于人际交往，严重的甚至可能引发犯罪。

程程小时候是个非常霸道的孩子，他不允许别人碰他的东西，只要哪个小朋友到他家做客，拿起他的玩具，他便会立即走过去一把抢走，然后再打那小朋友几下作为惩罚。到后来事情愈演愈烈，一旦别人碰了他的玩具，如果两人离得近，他会伸手过去打，如果离得远够不着，他就会随便拿起身边的东西朝别人砸过去。

有一年春节，亲戚朋友到程程家里拜年，程程的姨妈看到地上放着的木马很有意思，便想坐上去试试，结果还没等她坐稳，就被一旁的程程看见了。程程很生气，一句话不说就跑过去重重给了姨妈一拳。姨妈以为程程耍小性子，就跟他说："程程，姨妈没见过这样的木马，就骑一下好不好？"程程更生气了，拿起身边的小板凳向姨妈砸去。姨妈被这突如其来的状况吓呆了，家里其他亲戚也都惊呆了，他们都说这孩子太可怕了，还是离他远点吧。

其实，程程在一两岁的时候也是十分乖巧的，但也会发脾气。他刚开始生气时会打妈妈、爷爷、奶奶。奶奶的想法是

"程程的爸爸太老实，走上社会后总是吃亏，就因为从小被管教得太严"，所以他们要培养程程从小就霸气一些，不能再被人欺负。

按照这种培养理念，每当程程打人的时候，家人不但不会阻止，还会边笑边说："我们程程就是比爸爸厉害。"即使后来程程打人的情况变得严重，家人也只是一笑置之，甚至还会开玩笑似的跟他说："你这么厉害，别人会怕你的。"程程听后感到很得意。

现在程程已经十多岁了，他不论去哪儿，只要脾气一来，就会动手，弄得小区里没有孩子愿意跟他玩，他家的亲戚朋友也不敢轻易到他家串门，都离他远远的。程程越来越自闭，经常自己待在家里不愿意出门，但出门之后，依然难改自己的脾气。

可见小时候的攻击性行为，会对人的一生造成影响。因此，当父母发现孩子打人的时候，首先要让他们意识到打人是一种不好的行为，特别影响人与人之间的情感。父母可以说："你打别人就像别人打你一样，都是不被人喜欢的，这样是交不到朋友的。"其次，还要弄清楚孩子打人的原因，并尝试以下几种方式帮助孩子改变。

1. 当父母被孩子打了的时候，千万不要一时气愤再打回去

父母最好先把孩子放在一边不去管他，让他冷静一下，等孩子哭闹完了之后再跟他讲道理。父母要告诉孩子你们是很爱他的，但是记住，话千万不能说得太多，点到即可，让孩子自己去体会。

2.当父母发现孩子打人，不能对他微笑

这时，要对他表现出父母应有的威严，让他明白这种行为是不被父母接受和认可的。如果父母把孩子打人的现象当作一种娱乐，认为孩子生气是件好玩的事情，会在很大程度上助长孩子的威风，这样孩子很难改变。

3.防止孩子养成打人的习惯

父母先要为孩子营造良好的家庭环境。如果孩子打人，父母一方要立即抓住孩子打人的手，用严肃的语气和坚定的眼神警告他"不可以"。如果孩子继续打人，再次重复这样的动作并告诉他"不可以"。

蒙阳2岁半的时候喜欢抓妈妈的眼镜。但是妈妈认为将眼镜从别人脸上抓下来是一种不好的行为，便制止了他。蒙阳再次尝试，又被妈妈制止了，他很愤怒，便伸手打了妈妈。妈妈抓住他打人的那只手用坚定的语气说："阳阳，不可以这么做。"然后稍稍用力打了蒙阳的手一下。当时蒙阳以为妈妈在跟他玩耍，再次伸手准备打妈妈。这时，妈妈再次抓住蒙阳伸出来的手，坚定地告诉她："不可以这样做。"并又一次稍微用力打了他的手。这一次，蒙阳从妈妈的表情中看出，他们不是在做游戏，而是妈妈真的生气了，于是安静了下来。

4.当孩子的打人行为有所改变时，父母应该及时给予鼓励

父母给予鼓励的同时，并以热情的态度回应他，孩子受到激励，自然会意识到什么是好的行为，什么是不好的行为，继而使好的行为得到强化，并促进积极情感的发展。

父母对孩子
的知心话：

　　孩子身上的任何坏习惯都是一点一点养成的，身为父母，要及早尽到纠正的责任。我们一直花些心思和你相处，希望多了解你的长处、短处，并从尊重你的角度处理问题。也就是希望这样能帮你改掉身上一些坏毛病，让你更健康茁壮地成长。

当男孩有情绪时，给他们一个释放的空间

当男孩因为情绪不佳、气愤、不满而哭闹的时候，多数大人会感觉烦躁不已，于是说出"别哭，再哭就把你关到小屋里"或是"再哭我就打你了"之类的话。这种语言虽然制止了孩子的"坏脾气"，但却未起到缓解作用。

其实，每个人遇到不开心的事都会闹情绪。成人心理承受能力强，也想找个机会发泄，更不用说心无城府的孩子。孩子发脾气，大多因为他们的需求没有得到满足。另外，他们年纪尚轻，心智不够成熟，不可能像成人一样可以自我开导，也就不可能很快调整好自己的心态。如果长时间不能宣泄情绪，而是将其深埋起来，会对孩子的身体和心理造成不良影响。

小哲已经3岁了，但他一年里的大多数时间都跟妈妈待在一起，只有到了节假日，爸爸才能在他身边陪伴，因为爸爸的工作地点在另一个城市，不方便经常回来。平时，小哲的妈妈对小哲管教特别严厉，该他做的事情会让他去做，不该他做的坚决不会妥协。妈妈之所以对他要求如此严格，是因为她担心小哲长期和女性生活在一起，潜移默化受到影响，长大后会缺乏男子汉气概，她希望未来的小哲是独立而坚强的。

　　小哲刚会走路的时候没少摔跤，可是每次妈妈都不会去扶他，而是鼓励他自己站起来。如果小哲摔得重了，大哭起来，妈妈会立即说："不要哭，你是男子汉，可不能随便掉眼泪。"但小孩子疼痛的时候，哪管那么多，他仍旧哭。接着，小哲的妈妈就会十分气愤地说："不要哭了，再哭我真生气。你是个男孩子，如果轻轻摔这么一下都受不了，以后怎么做大事？把眼泪收起来！"小哲见妈妈生气了，感到害怕，于是不敢放声大哭，只得轻轻抽泣，再过一会儿就安静了。妈妈认为自己男子汉培养法见效了。

　　可是，当孩子越来越大的时候，妈妈感到困惑了，她觉得自己分明已经把小哲训练成了男子汉，可小哲却在很多方面表现得很懦弱。例如他 3 岁的时候上了幼儿园，每天不停地哭，开始妈妈认为他刚到一个新环境，有个适应过程也正常。可是一个多月过去了，其他新入园的孩子都已经和老师、小朋友亲近了不少，大家玩得很愉快，可是小哲依然一进幼儿园大门就哭。老师安慰他不管用，小朋友跟他玩他也不理不睬，就连饭都吃不下去。老师问他为什么哭，他说想妈妈了。此时，小哲的妈妈仍然采取男子汉教育法，任凭其哭泣也不妥协，每天坚持送孩子到幼儿园。后来小哲因为哭得厉害得了哮喘，妈妈没办法，只好每天让他上午去一会儿幼儿园，吃过午饭就接回家，自己的工作也受到了影响。不仅如此，小哲的身体越来越差了，现在稍微受到风吹日晒就生病，妈妈为了照顾他，每天疲惫不堪，再不敢用男子汉教育法对待他了。

　　小哲在妈妈男子汉训练法的培养下，不但没有变坚强，反而越发脆弱，这是因为情绪长期受压制，没有机会宣泄。对于一个幼小的孩子来说，哭是宣泄情绪最好的方式。然而小哲的妈妈为了培养其男子汉气概，强行剥夺了孩子哭的权利。当小哲摔倒了，感到疼痛的时候，他会大声哭泣，因为疼痛是一种真实的感觉。可是每当妈妈以"男子汉不该觉着痛"的说法否定小哲的感觉，小哲担心妈妈生气，只得强行将情绪收起来，时间一长，他就怀疑当初的疼痛感是否真实了。

其实孩子的哭声虽然被压制了，但内心不好的感受依然存在，等到下次再碰到这样的事情时，他依然会哭，因为尽管在哭泣的时候会遭受妈妈的责备，但这在孩子眼中也是一种关注。为了更多地引起妈妈的注意，孩子就会依赖哭泣，这种行为一旦形成习惯就很难改变。

很多孩子为什么会有心理疾病或者是性格不招人喜欢，就是因为他们平时遇到事情的时候，没有及时发泄情绪，因此会感到郁闷、委屈，对周围事情持怀疑态度。可见，孩子在成长路上会遇到很多事情，父母一定要认真观察并保持耐心，看到孩子发脾气尽可能地给他们机会，给他们时间，让他们在合理的条件下尽情宣泄，只有这样，孩子才能快乐健康地成长。

小雨是个十分淘气的男孩子，他经常登高爬低，上蹿下跳，让妈妈费心劳神。一次，小雨和同住一个小区的小伙伴一起玩传球，球好不容易传到他这边，他还没拿稳，就被旁边的小朋友童童一把抢了去。小雨脾气倔强，哪能就此善罢甘休。他怒气冲冲地走到童童面前，伸手准备把球抢回去。结果球没抢到，反被那个小朋友用力推倒在地上。小雨这一摔倒，再也忍不住了，坐在地上放声大哭，这哭声中有委屈也有疼痛。一旁的邻居都劝小雨的妈妈说："快抱起孩子吧，别让他哭了。"妈妈走了过去，坐在小雨旁边，轻轻把他抱入怀里说："好孩子，想哭就哭吧，妈妈在这陪着你。"这时小雨哭得更肆无忌惮，边哭边说："童童坏蛋，我不喜欢他了，以后再也不跟他玩了。"大约过了十分钟，小雨慢慢平静下来，他擦了擦眼停止了哭泣。这时候妈妈问他："小雨，童童刚才不是故意的，你现在还和他玩吗？"小雨思考了一下，就好像哭过之后已经忘记之前发生了什么一样，又和小伙伴们高高兴兴地玩了起来。

为了避免孩子被不良情绪困扰，父母最需要做的不是用过激的语言或行动阻止他们，而是给予其机会，让他们适当地宣泄情绪。等孩子将情绪全部释放之后，父母会发现孩子心情平静了不少，之前还不太理解的事情，一下就能够看明白了，而且还变得更为宽容，心胸更为坦荡。

父母对孩子的知心话：

孩子，你在青春期的时候，脾气可大呢。每天都是带着情绪回家。但我们知道，每个人都会有情绪的时候，这时我们不会用过激的言语和行动阻止或刺激你，而是给你一个机会，把情绪宣泄出来。当你情绪完全释放后，我们就会发现你心情平静了很多，脸上又出现了笑容。

第六章

注重品德，做人的道理要从小抓起

培养诚信，做个不说谎的男子汉

男孩调皮，也就容易犯错。一犯错后，为了避免责罚，就容易说谎。大多数父母看到自己孩子说谎后都会生气，特别是当孩子说出的话已经明显不真实，但他们依然在自圆其说，例如将酱油瓶打翻了，弄得全身黑乎乎的，却偏偏要将错误归咎于小猫、小狗，父母为此更是会暴跳如雷。

在这之后，孩子将面临一场灾难，父母不是将其痛骂一顿，继而逼问原因，就是怒打一顿作为惩罚。父母做出这些行为，很可能是因为一时控制不住脾气，但更大原因是他们认为，只要给孩子点颜色看看，孩子就一定能改邪归正，从此以后不敢说谎。

可是，父母以这种方式阻止孩子的谎言真的有效吗？孩子真的会在打骂之中屈服吗？尽管一些孩子畏惧父母的权威，日后不得不小心翼翼地说话。但也不排除有些孩子担心与父母坦诚相见之后，会受到父母更加严厉的惩罚，为了保护自己，只能编造另一个谎言来欺骗父母。

特特从小就是个听话的乖孩子，但就是学习不好，每次期末考试，成绩都在班上倒数，当他拿回考卷让父母签字的时候，免不了会遭受父母的一顿数落。

父母为帮助特特提高学习成绩，伤透了脑筋，他们不但平时给孩子找家教上门一对一辅导，还在周末给孩子安排了各种课外辅导班。特特每天忙着学习，没有一点空闲时间，感觉十分苦恼。

一天，特特的妈妈问："特特，你觉得最近补课效果怎么样？作业都会做吗？老师讲的知识能听懂吗？"特特说："作业都写得很好，老师讲的知识也都理解了。"妈妈认为果然是功夫不负有心人，特特学习进步了。过了几天，妈妈又问："特特，这一阵你觉得学习怎么样？是不是比以前轻松了很多？"特特回答："嗯，是的，老师还夸奖我呢，说我进步不小，还让同学向我学习。"妈妈听了特特的话十分高兴，她以为再过不久自己的孩子就能名列前茅了。

可是没过多长时间，特特的妈妈就接到班主任张老师的电话，请她到学校里来一趟。特特妈妈十分高兴，认为张老师肯定要对特特的进步大加夸赞。等她到了学校才知道，事情完全不是她想象的那样。

当张老师拿出特特最近的一次测验试卷说特特没有一门课程达标的时候，妈妈都傻眼了，她怎么也不相信近来常称自己进步不小、被老师夸奖的儿子竟然科科不及格。特特妈妈赶忙向老师了解情况。老师说特特有很长一段时间上课不认真听讲，还经常打瞌睡，并询问是不是特特平时做作业做得太晚了。特特妈妈被老师这么一问，简直无言以对，感觉又气愤又羞愧。

回到家之后，妈妈怒气难消，用严厉的语气质问特特："你这几天在学校好好听课了吗？"特特不明真相，还是像以往一样沉着地回答："好好听了，老师讲的都记住了。"妈妈气愤不已，上去就打了特特一巴掌："睁着眼睛说瞎话。我刚从你们校回来，你看看你的成绩成什么样了，还敢说上课认真听了？我问你老师讲的知识你都明白没有，你每次都说明白，你进步了，你为什么要说谎？"特特难过地说："我并不想说谎，可是你和爸爸对我期望太高了，给我报各种辅导来提高我的成绩。可是我很想玩，我也想过得轻松一些，而且，我真的不想再因为学习的事情被你们打骂，所以只能欺骗你们了。"妈妈听了特特的话，更加难过。

每位父母都希望自己的孩子天真无邪，诚实可信，而每个孩子也并不是天生就会说谎的。对于孩子来说，诚实意味着犯了错误敢于承认，不欺骗别人，不让别人对自己失去信心。这就好像在路边捡了东西，你要承认这不是你的一样。但为什么还是有那么多孩子习惯在父母面前说谎？

孩子说谎，不外乎以下几种原因：有些孩子是因为担心遭到父母的惩罚；有些则想取悦父母，成为父母心中的乖孩子；有些是希望得到父母的夸赞和认可；还有些是因为对现实情况和幻想分辨不清，将说谎当作说故事。但不论孩子出于何种原因说谎，父母都应该认真思考，并反思自己。

当孩子说真话时，很可能会受到不必要的惩罚。例如一个4岁的孩子说他不喜欢奶奶或是姥姥了，多数情况下会遭到父母的责骂。其实对于年龄幼小的孩子来说，喜欢谁或不喜欢谁，实际上是在真实地表达自己一瞬间的情感。当父母听到孩子说不喜欢长辈之类的话，就觉得孩子不孝敬，叛逆心重，于是开口责备，甚至采用暴力手段。有些孩子受到严厉惩罚，明白了这种表达真实想法的话不能说，只得说些违心的话。而孩子的谎话说多了，父母又认为自己不被孩子尊重和认可，继而更为严厉地指责孩子，两代人之间的代沟就这样一点一点地加深，以至于双方之间失去信任。

苏联教育家马卡连柯曾说："'诚信做人'不是天上掉下来的，而是在家庭中养成的。在家庭中也可以教养出不忠诚老实的人，这完全取决于父母的教育方法。"可见，父母的教育方法对于一个孩子来说最为重要，如果父母在教育孩子的过程中滥用职权，而不是关注孩子真实的想法，孩子则很难和父母真心相对。

要想让孩子从小养成诚实可信的习惯，不隐瞒，不欺骗，父母则要从以下几个方面来教育孩子。

1. 家长要以身作则，不可随便说谎

日常生活中，孩子的行为习惯多半源于父母。如果父母诚实守信，为孩子起到表率作用，孩子则很容易养成诚实的品质。例如父母在路边捡到东西，尽全力将它归还给失主，而不是据为己有；又或者父母犯了错误，被孩子发现，勇于向孩子说出实情，孩子则能传承父母的优良品质。

2. 孩子犯错，父母理智对待

人无完人，大人也会犯错，更何况是孩子。孩子犯错，可能由于年幼无知，也可能因为自制力差。对此父母切记不可打骂，也不要逼迫孩子承认。因为一旦逼迫过度，击起孩子的逆反心理，孩子更不愿承认错误。所以，父母首先要用以温和的态度面对孩子，其次再鼓励孩子说出为什么犯错。当孩子感受到父母的关心和爱护，就会信任父母，亲近父母，自然会向父母敞开心扉。

这学期，小宇升到幼儿园大班了，他跟妈妈说："妈妈，我画的《小蝌蚪找妈妈》很好看，被老师贴到展示墙上了。"妈妈听后很高兴，不停地夸小宇乖。但是等开家长会的那天，妈妈在幼儿园的展示墙上并未找到小宇画的画。她问了老师之后才知道，小宇的画根本没被贴出来。妈妈很生气，回家质问道："你为什么要说谎？你的画根本没有贴到展示墙上。这样说出来，你不觉得脸红吗？"小宇见妈妈生气了，虽然很紧张，但却两眼瞪着妈妈表现出愤怒的样子。

过了一会儿，妈妈自觉情绪不对，赶快用温和的语气问道："小宇，你为什么要对妈妈说你的画被老师贴到展示墙上了？你一定有自己的原因吧。你能不能跟妈妈说一说，妈妈保证听不会生气。"小宇这才对妈妈说："其实我就是想让妈妈高兴一下。"妈妈听了心中很不是滋味，她意识到平时给予小宇的情感关注太少了，并下定决心以后一定要与孩子多交流。

3. 孩子有心愿，父母要合理满足

很多孩子说谎多半是因为父母无法满足他们的心愿。例如孩子想到公园玩耍，父母答应了他周末去，可是因为工作繁忙就忘记了和孩子之前的约定。孩子期盼已久的心愿落空，为达到目的，只得说谎，例如对父母说"老师周末让我们一定要去公园观赏春天的景色，下周要写作文"等。父母一般视老师的

话为圣旨，于是乖乖带着孩子去了。一旦孩子通过说谎的方式实现愿望，久而久之就会养成说谎的习惯，父母对此应该提高警惕。尽早满足孩子的合理要求，不要等到孩子说谎了才来满足要求。

4. 发现孩子说谎，父母一定要及时纠正

如果孩子说谎被别人识破，父母不能为维护面子，包庇孩子的错误，更不能过分指责，而是要耐心地找出孩子说谎的原因，帮助他们改正。

孩子从小说谎，相当于身上有了瑕疵，用装饰品遮掩，但只能掩盖住一时。随着时间的流逝，孩子长大了，那些瑕疵也随之变大，这时候，即使用再多的装饰品去修饰，除了令人眼花缭乱外，自己也需承受其赋予的沉重，变得无所适从。所以父母要用正确的方式指引孩子，教导孩子，只有这样，孩子才能做一个诚实诚信的人。

> **父母对孩子
> 的知心话：**
>
> 谎言终究会被戳穿的，也许谎言能给你带来一时的满足，能让你逃避父母的责骂，但是总有一天父母会知道真实的情况。与此同时，你失去父母的信任。在这个世界上，对于每个人而言，最重要的就是诚信，哪怕是孩子与父母之间也需要建立诚信，才能更加顺畅地沟通。

言传身教，才是最好的品德教育

记得有这样一则公益广告——一位母亲带着真诚的微笑为她的母亲端来一盆热水，缓缓蹲下，轻轻地为母亲洗脚。这位母亲和她的母亲脸上都洋溢着幸福的微笑，因为她们都觉得温暖。一个年幼的男孩在一旁，静静地看着眼前的一切。然而，男孩同样泼泼洒洒地为自己的母亲端来了一盆洗脚水。当男孩稚嫩的脸上挂满汗珠，并喊出"妈妈，洗脚"的时候，我们都感动了。

是呀，言传身教才是最好的教育。随着生活水平的提高，很多孩子得到了父母、爷爷奶奶、叔叔阿姨等人无穷无尽的关爱。看着公园里的一对对老人，脸上洋溢着最慈祥的笑容看着自己的后代们，他们为孩子献出了全部爱心。那么，反过来呢？孩子对这一切，懂得感恩吗？

主持人提问："谁能回答我，你们的爸爸妈妈记得你们的生日吗？"

孩子们异口同声地答道："记得，爸爸妈妈从来都没有忘记过我们的生日。"

"哦，那么爸爸妈妈都怎么给你们过生日呀？"主持人又问道。

这一次，答案却是五花八门了。有的小朋友说"给我买了一个大生日蛋糕"，有的说"带我去游乐场了"，还有的说"给我买一个芭比娃娃"，等等，孩子们的生日礼物可以说是样式繁多，家长们也是挖空心思地带给孩子快乐。

接着，主持人故意咳嗽了一声，问道："哪位小朋友知道自己爸爸妈妈的生日是哪天呢？"

这个问题一出，场上顿时便鸦雀无声。孩子们你看看我、我看看你，谁也回答不上来。

看到这一幕，场下刚刚还欢声笑语一片的父母也都安静下来了，若有所思地沉默了。

"孩子们，父母给了你们最真诚的爱，他们养育了你们，把自己的一切都给了你们，为什么你们连他们的生日都记不住呢？难道你们只知道一味地享受父母的关爱，而不知道感恩、不懂得回报吗？小乌鸦尚且懂得反哺老乌鸦，聪明伶俐的孩子们，你们又做了些什么呢？"说着，主持人转过身来，面对着台下的父母，意味深长地说道："家长朋友们，孩子们今天的表现你们满意吗？对于孩子们的行为，你们又该负何种责任呢？"

是呀，乌鸦尚且反哺，但我们的孩子是怎么了？这个问题值得每一位家长深思。教会孩子感恩，让孩子成为一个心中有爱的好孩子吧，家长们不要再犹豫了，正如前面提到的公益广告——传承是最好的教育方式。

那么，身为家长应该如何做呢？

1. 言传身教，感恩自己的父母，有助于让孩子学会感恩

家长作为自己父母的子女，孝敬父母是应该的。有好吃的东西要想着老人，经常看望、关心老人，帮老人洗洗涮涮，经常带着老人出去游玩。家长的这些行为，孩子都会看在眼里记在心中，久而久之，孩子耳濡目染，便会逐渐养成孝敬父母的好习惯。

孝顺是中华民族的传统美德，是需要国人一代一代传承下去的。想要孩子成为一个有孝心的好孩子，作为家长，我们首先应孝敬自己的父母。

2. 言传身教，感恩自己的伴侣，有助于孩子学会感恩

夫妻是家庭的主要成员。父母之间如何相处，直接影响到了孩子的情感成长。因此，家人之间、夫妻之间友好相处、互相帮助，有利于孩子将来合理处理自己的家庭问题。

父母对孩子的知心话：

任何的教育都比不上父母的言传身教，所以才会有"父母是孩子的第一个老师"这句话。我们对此也深信不疑。因此，在对你的品德的教育上，我们会以身作则，让你从我们的身上看到应该如何做。我们一直坚持着，也看到你学得很好。对此我们深感欣慰。

植入同情心，让男孩成为有德之人

同情心是人类的重要情感之一，具有同情心的男孩更能体会他人的感受，更能包容、体谅他人，更容易建立良好的人际关系，拥有幸福的人生。同情心不是一朝形成的，需要长期的、潜移默化的熏陶，从外入内，在男孩的潜意识中形成。在这个过程中，父母是孩子的启蒙老师，需要重视孩子的情感发展，抓住生活中的所有细节，丰富他的情感，帮助他培养出同情心来。

在一个温暖的午后，张辉和爸爸在郊区的公园里散步。看着眼前鲜花灿烂、绿树成荫的迷人景致，张辉和爸爸有些流连忘返。

忽然，张辉大叫道："爸爸，爸爸，你看那边的那位老太太多好笑。"顺着儿子手指的方向望去，只见一位白发苍苍的老人，穿着厚厚的冬衣，一只手扶拐杖，另一只手颤颤巍巍地想要摘一朵花。

"年纪这么大了，还想要摘花，看她的样子似乎走路都有些困难了。"听着儿子的话，父亲脸上的微笑消失了，他狠狠瞪了一眼儿子，快步走到老人的身边，问道："老人家，您想要做什么？我可以帮助您。"老人抬头看了看张辉爸爸，说道："我想要摘一朵花，今天是我那老头子的生日，他瘫在床上10年了，不能出屋，就想看看春天里的鲜花。"看着老人眼睛里打转的泪花，张辉爸爸难受极了。他将老人扶到座椅上坐下，转身走到公园附近的花店买了一束美丽的鲜花送给老人，并对老人说道："我送您回家吧。"老人点了点头。

之后，张辉和爸爸在谈起这件事情时，爸爸总是责备张辉没有同情心，他对张辉说道："天气那么热，那位老人还穿得那么多，肯定是身体不好。颤颤巍巍地想要摘花，随时都有摔倒的可能，你不仅没有要帮助老人家的想法，反而去嘲笑她，太没有同情心了。"

张辉默默地低下了头，他觉得爸爸批评得对，他需要好好反省一下自己。

事例中张辉的行为并不是一个特例，现在的很多孩子都缺乏同情心，如公共汽车上一些孩子从不给老人让座。这种现象不得不让人担忧，孩子们是祖国的下一代、未来的希望，他们如果缺乏同情心，社会上还会有爱吗？作为家长，我们有责任培养起孩子的同情心来，那么，到底应该怎样培养孩子的同情心呢？

1. 不要扼杀孩子的同情心

很多小朋友都非常有同情心，如他们不愿意妈妈杀鱼，会因为妈妈杀鱼而痛苦；看到别的小朋友哭泣也会跟着伤心。这些都是孩子同情心的表现。作为家长，我们不应该因为孩子的这些行为而训斥孩子，否则便会扼杀孩子的同情心。

2. 潜移默化地影响孩子

想要培养孩子的同情心，家长首先应以身作则，富有同情心。这样才能在生活中潜移默化地影响孩子的情感世界。

3. 面对孩子的破坏行为，家长要采取怀柔战术

我们经常会看到草坪中的这些提示："不要踩我，我怕疼。"这是一种非常好的方法，会让很多行人都脚下留情。对于正在实施破坏的孩子，家长也可以采用这个方法，告诉孩子："不要再摔它了，它快哭了。"这样更容易激发起孩子的同情心。

4. 鼓励孩子多帮助他人

例如，在生活中，看到小朋友摔倒，家长可以鼓励孩子去帮助一下他们，让孩子在帮助他人的过程中建立起同情心。

5. 经常向孩子求助

家长也有需要帮助的时候。这时，我们可以向孩子求助，告诉孩子自己的状况，让孩子感受到自己是被需要的，让孩子有机会表现一下自己的同情心。

著名教育家陈鹤琴先生说过："同情行为在家庭里、在社会上都是一种非常重要的美德。若家庭里没有同情行为，那父不父、母不母、子不子，家庭就不能称其为家庭；若社会上没有同情行为，尔虞我诈，每个人都十分自私，社会也不称其为社会了。"由此可见，家长们一定要从小培养男孩的同情心。

　　因为你是独生子女，从小就一个人，什么东西都喜欢自己独有。我们很怕这样的你缺少同情心。因此，在你很小的时候，我们就一直注重培养你的同情心，看到你现在乐于助人，对任何人都能做到感同身受，我们很高兴。希望你能继续保持，让同情心一直伴随你整个人生。

做谦虚的男孩，做人切不可盲目自大

　　该怎样培养男孩谦虚的品质呢？圣贤常常教育我们："谦虚使人进步，骄傲使人落后。"骄傲会给自己的双眼蒙上一层眼罩，看不到更高、远的地方，变得自私狭隘、目中无人、见识短浅。即使一个人非常优秀，在某些方面的造诣很深，他也不能骄傲自大。因为，仍然有很多知识是他不知道的，需要他低头学习，向他人请教。谦虚，是一种美德，是人们不断进取的一种态度。"生命有限，学海无涯"，任何一个具有谦虚品质的人都有进步的动力，都会不断进步。

　　梁云是个活泼可爱的小男孩，不仅成绩优秀，家庭条件也很好。梁云的父母都是做大生意的，经济条件非常好，所以从小梁云就在一堆名牌衣服中长大。在学校，梁云是班里的"文艺骨干"，是同学们眼中的小明星；在家里，梁云是父母的掌上明珠，集万千宠爱于一身。在这样的环境下，梁云开始自命不凡了，他变得有些狂妄自大，骄傲的情绪不断膨胀。只要一有机会，梁云就会显摆自己、贬低他人，惹得其他同学都非常不喜欢他。

　　一次，一个小朋友问了梁云一个问题。没想到梁云竟然大声说道："你可真笨呀，连这个问题都不会，笨死了。"结果，这名同学生气了，说道："你这个人怎么这么没有礼貌，我不过是问了你一个问题，你竟然如此不尊重别人，难怪大家都不喜欢你，你的确挺讨厌的。"说完，这名同学从梁云手中扯回作业本离开了。班上的同学也纷纷指责梁云，有的同学甚至挖苦他道："有什么了不起的，以为自己是谁呀。"气得梁云大哭了起来。

接着班里开始选班长，梁云一直都是班里的班长，但这一次他落选了，而且输得很惨，全班同学竟然没有一个人投他的票。看着其他几名竞选人的名字下面都横七竖八地画着计票的标记，而只有自己的名字下面一个标记都没有，"干净"得让梁云无限尴尬。

回到家里，梁云伤心地哭了起来，连晚饭都吃不下去，边哭边嘟囔着："为什么不选我呀，他们的能力都没有我强，凭什么都不选我？"梁云的爸爸听完梁云的讲述后，明白自己孩子的身上出现了问题。孩子有些骄傲，总是瞧不起同学，那么同学们又怎么会喜欢他呢？他耐心地向孩子分析缘由，含蓄地指出了梁云的毛病。梁云听完之后，羞愧地低下了头。

骄傲是一种不良的心理状态，作为家长，应该给予孩子正确的引导，使孩子养成谦虚的品质。那么，父母应怎样培养孩子谦虚的品质呢？

1. 让孩子认识到骄傲的危害和谦虚的好处

培养孩子谦虚的品质，首先需要向孩子讲清谦虚和骄傲对孩子成长的不同影响。谦虚使人进步，骄傲使人落后。谦虚的人时刻都保持着空杯心理，不自满，总会不断地学习，充实自己；而骄傲的人则自大自满，总是高看自己，觉得谁都不如自己，看不起身边的人，看不到他人的优点，不屑于向他人学习。因此，他们不仅不会进步，还会倒退。

除此之外，谦虚的人更容易建立起良好的人际关系来。他们懂得尊重他人，有亲和力。而骄傲自大的人，则总觉得高人一等，看不起身边的人，导致人际关系很糟糕，得不到大家的喜爱与认可。

这就是谦虚与骄傲的区别。

2. 教会孩子客观评估自己

任何人都有自己的优点和缺点。对此，每一名孩子都应客观、全面地认识到，自己的优点再多，也有不如别人的地方。别人的缺点再多，也有值得自己学习的地方。培养孩子谦虚的品质，首先应该让孩子学会客观地评估自己，看到自己的不足之处，看得见他人的过人之处，取长补短，不断进步。

父母对孩子的知心话：

山外有山，人外有人。我们一直很怕你成为一个自大、骄傲的人，所以在你很小的时候，就尽量多带你见识见识外面的世界，开拓你的视界。让你认识到自己还差得远呢，才能避免盲目的骄傲，避免你成为井底之蛙。很高兴看到成效不错，你现在成为一个谦虚而好学的人。希望这样的品行一直伴随你一生，你终将会因为这个品行而终身获益。

警惕顺手牵羊，偷窃的恶习要从小制止

男孩大多会喜欢刺激的事情，因此很多男孩都会尝试去便利店、小市场等监管不严的地方进行偷窃，并非他们需要那些东西，而且这个过程会给他们带来新鲜和刺激感。多数家长发现自己的孩子把别人的东西随便带回家时，都会为此震惊不已。他们认为自己的孩子不诚实，先是感慨："天啊，我的孩子怎么能偷东西！"接着便会谴责孩子："你居然偷东西，真是丢人现眼！""你干这种坏事，警察会抓你的。""你这孩子太坏了，我不要你了。"等。家长以为这样说，孩子会感到畏惧，从此以后"改邪归正"。事实上，这些贬损的话不但一点也起不到作用，反而会给孩子带来消极影响。

据心理学家分析，年龄较小的孩子对"我"的是非界限是模糊不清的，他们完全搞不懂"偷"和"拿"的区别。只要这个东西能满足他们的心理需求，他们便认为这种东西应该属于自己。另外，孩子拿他人物品，可能是在模仿别人的行为。

面对这种情况，家长不可采取暴力教育方式，当然也不能置之不理，而是要以理智的态度面对。

1. 禁止喋喋不休地说教

不论孩子偷了什么东西，家长尽量不要喋喋不休地说教，也不要咄咄逼人地威胁。因为对于年龄较小的孩子来说，没有经过他人允许就将东西偷偷拿走的举动并不是偷窃行为。如果家长将一些严重贬损的词语用在孩子身上，例如"小偷""盗贼""坏孩子"等，相当于给孩子贴上消极的标签，是对其人格的藐视。因为在孩子的观念中，根本没有犯罪这个概念，他们怎么会故意去偷盗呢？

当孩子顺手拿了不属于自己的东西，先不要激动，也不要大声谴责，而应先要弄清楚他拿东西的原因。多问孩子一句"为什么"，永远都不显得多余，这样你就能知道孩子心里的真实想法。

张女士推车带孩子到超市闲逛的时候，转眼间，发现儿子小军拿着两根棒棒糖就往自己口袋里塞。塞了好长时间，棒棒糖卡在口袋外边，又掉进了推车里，小军再次拿起来，继续往口袋里塞，那架势好像是不达目的誓不罢休。张女士感到很惊奇，她完全没有想到小军会这样做，但是她并没有像其他家长那样大声喊叫："哎呀，你怎么能偷东西！"

张女士飞快地思考着，小军为什么要这么做，但她却找不到答案，于是就问道："小军，你在干什么？"小军很自豪地说："妈妈，我在偷东西。"张女士听到小军的回答更为震惊，显然他将偷东西看成了一件好玩的事。接着，张女士问道："你为什么要这样做呢？"小军说："我看了《愤怒的小鸟》，里边那个小猪就是这样拿东西的。"张女士听到这个答案哭笑不得，孩子其实只是在模仿他人的行为。于是又问道："小猪偷了谁的东西？"小军回答："小鸟的。""那小鸟生气了吗？""生气，小鸟气得用石头打了小猪。""那你从超市偷偷拿东西，超市里的人一会儿也会用石头打你的。"小军害怕了，赶快把东西放回了货架。

2. 让孩子知道诚实的重要性

如果孩子已经将东西拿了回去，你要带他去归还，并向东西的主人道歉，让孩子知道诚实的重要性。当然，如果这个东西是从商店或是超市里偷偷拿出来的，父母切记不可将它买下来，因为一旦有了这样的经历，孩子尝到了"偷东西"的乐趣，每次看到喜欢的东西都会悄悄拿走，然后回头再让你买下来。

在将东西返还并道歉的时候，父母可以在旁边陪伴和引导，而孩子应该是这些动作真正的执行者。当孩子亲手将东西归还回去并诚恳地表达歉意，才能真正意识到自己的行为是否正确。

平平与他同岁的小伙伴妞妞在小区的广场上玩耍。平平拿着小铲子在树坑里铲泥土，妞妞在一旁的地下摆弄妈妈给她新买的小型回力车。一会儿，平平觉得铲泥土很无聊，就蹲在妞妞旁边和她一起玩车。妞妞一推，车跑到平平那边，平平接着再推，车又返回妞妞那边。平平和妞妞这样玩了一会儿，很快妞妞便失去了耐心，跑到一边玩滑梯和秋千了，只剩下平平一人在那里玩回力车。

由于小区广场没有车辆通过，很安全，而且平平也不喜欢到处乱跑，所以平平的妈妈为避免打扰他和小朋友们玩耍，就在稍远的地方等着他。过了一会儿，吃饭时间到了，妈妈对平平说："平平，我们回家吧，把你的小玩具带好，把其他小朋友的玩具还回去。"平平答应了一声。紧接着他拿上自己的小铲子和小水桶，跑过来拉住妈妈的手回家了。

　　每天回到家之后，妈妈都要帮平平把玩具收起来，这次也不例外。当她提起小水桶准备放到一边的时候，感觉水桶的重量比平时沉了一些。她掀开水桶盖一探究竟，结果令她大吃一惊，原来平平把妞妞新买的回力车放在了里边。妈妈有些不高兴，她把平平叫过来问清了原因。原来平平太喜欢这辆玩具车了，就想带回家玩一玩。妈妈对他说："妞妞不知道你把她的玩具车带走了，一定很着急。现在我们一起去找妞妞，把这个玩具车还给她，并跟她说对不起好吗？"平平很不高兴，说道："不要嘛，妈妈，我就玩一会儿。"妈妈再次告诉他说："没有经过妞妞同意就拿走她的玩具是不对的，既然有错误就应该求得别人的原谅。"平平看着妈妈坚定的眼神点了点头。

　　平平在妈妈的陪伴下返回广场，看到了还在那里玩耍的妞妞。开始，平平站在那里不动，在妈妈的鼓励下，他走上前去将手里的车还给了妞妞。妈妈对他说："你要跟妞妞道歉，说'对不起，我不该随便拿你的车'。"平平不好意思地说："妈妈你帮我道歉吧。"妈妈说："平平是男子汉，自己做的事情要自己承担。"起初平平不愿意自己道歉，都快哭了，但经过妈妈的耐心劝导，平平终于认识到错误，于是他挺了挺胸对妞妞说："妞妞对不起，我不该随便拿你的车。"妈妈听后欣慰地说："这才是妈妈的好孩子。"

3. 进行合理的教育

　　对孩子进行合理的教育，让孩子知道不是自己的东西不能带回家，没有经过别人的允许也不能带回来。如果孩子年龄太小，也许不适合跟他讲道理，但也可以给予其小小的惩罚，例如不让他再到小朋友家玩，或是不带他去超市商场等地方，孩子会慢慢意识到自己的错误。

4. 父母教导要有耐心

孩子弄清楚东西的所有权需要时间，父母一定要有耐心，只要能正确引导并及时纠正，孩子一定会沿着正确的道路成长。

> **父母对孩子的知心话:**

孩子，人穷没关系，最重要的是要有志气，如果因为穷就去做那些下三烂的事情，就真的会被别人看扁，也会让人生染上污点，就此沉沦。当被贫穷折磨的时候，最重要的是要努力地成长，让自己在各个方面的能力和水平不断地提升，唯有如此，有朝一日才能够扼住命运的咽喉，成功地改变命运。

第七章

良好的习惯，
是男孩最棒的
礼物

拥有良好的睡眠，才会精力充沛

男孩子天生多动、爱玩，晚上总是不愿意去睡觉。殊不知，每天保证正常的睡眠时间是很重要的，一般成年人的睡眠时间应该为七到八个小时，孩子的睡眠时间维持在九个小时最佳。这样才能够维持稳定的生物钟规律，有益于身体健康。俗话说："身体是革命的本钱。"对于孩子而言，没有健康的身体就没有获得幸福人生的本钱。因而，孩子们一定要养成良好的睡眠习惯。

李磊的妈妈非常重视李磊的睡眠。为了能够让李磊从小养成良好的睡眠习惯，李磊妈妈可以说是亲力亲为，监督着孩子按时睡觉。按照妈妈的要求，李磊每天晚上九点必须上床睡觉，早上七点半起床，中午还要再睡上两个半小时。算下来，李磊每天的睡眠时间高达 13 个小时。

老人们总是说："孩子就是在睡觉的时候长身体的。"对此，李磊妈妈深信不疑。面对着孩子每天 13 个小时的睡眠时间，李磊妈认为不长，睡觉时间越长越好。直到有一天，李磊妈妈参加了一个健康培训。专家专门讲述了有关"睡眠"的相关知识，李磊妈妈才知道：睡眠时间并不是越长越好，要适度；过长或过短的睡眠时间对身体健康都是有害的。

的确如此，睡眠时间也有要求，过长或过短均有害于健康。正如事例中的李磊妈妈，很多家长都非常重视孩子的睡眠问题，密切关注孩子的睡眠时间是不是足够，习惯性地认为睡眠时间越长越好。睡眠时间不足，的确有损身体健康。人们在白天耗损了很多机体能量，需要通过睡眠来补充。例如，晚上十点到凌晨两点是人体新陈代谢的时间段，在这段时间里旧细胞会死去，新细胞会生成。如果睡眠时间保证不了，人们的身体无法及时修复，长此以往，就会容易衰老。除此之外，睡眠不足还有很多危害，如从心理学角度讲，睡眠不足会引起人们的心理疲惫，导致情绪失控、焦虑急躁，还会引发消化不良、食欲减退、身体内分泌失调以及抵抗力下降等问题。因此，足够的睡眠时间是调整身体状态、维持身体健康的保障。

然而，睡眠时间并不是越长越好，过长的睡眠时间同样会危害身体健康。研究表明，人们在睡眠中，各项机体活动均处于减弱的状态，新陈代谢降低，能量消耗少，大量的垃圾堆积在身体里，非常容易引发肥胖、生物钟紊乱、内分泌失调、心脑血管疾病等一系列问题。

由此可见，养成良好的睡眠习惯绝非易事，既不能长时间睡觉，也不能熬夜，同时还应保证睡眠质量。因此，建议孩子们应做到以下几点：

第一，早睡早起。早睡早起身体好，是自然界的规律，顺应规律才能保持身体健康。

第二，睡前不宜进行激烈的运动。睡觉前做一些和缓的运动，时间不要太长，一般维持在 20 分钟足矣。

第三，睡前一杯牛奶能够保证睡眠质量。牛奶中含有催眠的成分，有助于使神经进入睡眠状态。

第四，睡前泡脚，有助睡眠。泡脚可以让人身体放松，精神放松。不仅如此，泡脚还能打通人体经脉，调节气血，是一项非常经济实用的保健方式。

第五，南北向睡眠。地球是一个大磁场，南北向睡眠能够顺应地球磁场，有效提高人们的睡眠质量，对治疗失眠、神经衰弱、血压不稳等慢性疾病有非常不错的疗效。

第六，枕头不宜过高。对于孩子而言，身体正处于快速发育期，枕头的高度不宜过高。特别是新生儿，可以考虑不枕枕头。

父母对孩子的知心话：

良好的睡眠，对于孩子来说非常重要。良好的睡眠不仅有益于智力发展，对情绪也有很大的影响。如果孩子没有养成良好的睡眠习惯，会变得易怒、烦躁、活动能力减退、记忆力减退等。因此，我们在关注你智力发展的同时，更关注你的健康，帮助你养成良好的睡眠习惯。健康是一切，没有健康的身体，任何成就都会显得无限苍白。

关注卫生习惯，成为健康的男孩

男孩子经常在室外玩完，回家直接不洗手就吃饭，因此常常会闹肚子。卫生与健康息息相关，作为父母，要让孩子知道讲究卫生的重要性，让孩子养成良好的卫生习惯。

如果不讲卫生，没有养成良好的卫生习惯，那么身体就很容易被各种细菌侵袭，从而患上疾病。卫生习惯关系到孩子生活的方方面面，尤其对于保持孩子的健康、树立孩子的个人形象等都是必不可少的。

刘兵是个很爱面子的孩子，从小就时时注重自己的个人形象。他特别爱干净，手、脸，包括穿着等总是干干净净的，因此很受大家的喜爱。

刘兵的母亲是一位医生，因为职业的关系，她特别注意培养儿子的卫生习惯，时常叮嘱儿子要勤洗手洗脸、勤洗澡、勤换洗衣服等。

妈妈还告诉刘兵，如果不讲卫生，就容易染上疾病，导致自己的心情也不好，而且与人交往时，脏兮兮的样子也会让人讨厌。

因此，刘兵从小就讲卫生，养成这种良好的习惯后，他也很少患病。

虽然提倡孩子讲究卫生已经很久了，但是在现实社会中还是有很多孩子存在着不讲卫生的行为，譬如乱倒垃圾、随地吐痰、饭前便后不洗手等，这跟孩子是否接受卫生知识学习是分不开的。

现在是文明社会，处处都在讲究公德，其中就包括卫生公德。讲究卫生不单是某个人的事情，更关系着整个国家和社会的发展。

人是社会的人，生活在社会中总是要与他人打交道的，自身的行为都要与他人、社会发生联系，产生影响。所以说每个人不仅要为自己的健康负责，更要为生活的环境负责。

孩子年龄还小，还没有完全在脑海中树立起讲究卫生这样一种意识。所以作为父母，就要多教育、多指导、多督促孩子，让孩子在日常生活中逐渐养成讲究卫生的良好习惯。

1. 让孩子养成勤洗手、勤洗澡的习惯

病从口入，让孩子养成勤洗手的习惯，才不容易生病。平时，父母要多督促孩子，让孩子饭前、便后、玩耍后要洗手，并且要教他们学会正确的洗手方法。

同时，人体的各种机能都在正常运转，于是总有一些排泄物需要通过正常途径排出体外，其中最主要也最常见的就是汗液。如果不及时清洗掉，就会附着在身上，从而滋生细菌，发出难闻的气味。所以说父母要帮助孩子养成勤洗澡的习惯，这样不仅能洗掉细菌，还会使孩子在洗澡的过程中享受到惬意。

让孩子养成习惯根本不难，关键是父母要下定决心帮助他

们坚持到底。父母可以告诉孩子做一个讲卫生的好孩子，拥有良好的个人形象，才会吸引更多的朋友。

2. 让孩子养成刷牙、漱口的习惯

俗话说，"牙疼不是病，疼起来要人命"，因此一定要注意保护牙齿。只有养成了讲卫生的习惯，养成了早晚刷牙、勤漱口的习惯，才能避免这方面的疾病。

张旭是个伶俐的孩子，但是由于没有注意到一些细节问题，小小年纪就总是牙疼，并且牙齿还被"虫子"吃掉了两颗。

原来张旭从来就没有好好刷过牙，也不经常漱口。由于他已经过了换牙的年龄，只能拔掉坏牙后装了两颗假牙。

此后，他不用父母督促，就自觉养成了爱刷牙、勤漱口的好习惯，牙齿也就再没有坏过。

乳牙换完后，父母要及时指导孩子学会刷牙，在孩子头脑中树立早晚刷牙的意识，并且鼓励他们时常漱口，这样就能有效地减少牙疾，使孩子的牙齿少受痛苦。

3. 让孩子定期剪发、剪指甲

头发长，不及时清洗容易生虱子。指甲长，指甲缝里容易藏污垢，这些都会给自己的形象带来不利的一面，稍不注意还会患病。

所以父母要为孩子的健康考虑，指导孩子定期剪发、修剪指甲。孩子形成一个好的习惯，就会有一个清爽的形象展现在大家面前，也会更受大家欢迎。

4. 让孩子讲究公共卫生

讲究卫生，不单是要讲究个人卫生，还要讲究公共卫生。

只有全社会都有了讲究卫生的意识，才能预防疾病。

因此，父母一定要告诉孩子时刻谨记讲究公共卫生的重要性，并且鼓励他们讲究公共卫生，主动维持公共场所的环境。

父母对孩子的知心话：

最近新冠肺炎的爆发，让人们更认识到了讲卫生的重要性。从小培养你拥有良好的卫生习惯，是希望你能拥有一个良好的身体。身体是革命的本钱，没有好身体，一切都是虚无。希望你能谨记，以后无论何时，都拥有良好的卫生习惯。

吃饭不挑食，让营养均衡摄入

男孩运动量大，生长发育也快，饮食习惯会不断发生变化，所以他们对食物的偏好也会有所改变。但是挑食偏食，无法在规定的时间内合理用餐，必然会对男孩的营养摄入与吸收造成影响，时间一长，会给他的身体发育带来极大的危害。

小郭已经是小学四年级的学生了，但跟同龄的男孩子相比，他体形瘦弱，身高偏低，每次体检医生都说他不达标，建议合理饮食。而小郭的父母何尝不想让他吃得多一些，营养摄入全面一些，可是小郭就是不配合，父母为此大伤脑筋。小郭不但吃饭的时候心不在焉，还总是挑食。只要是他喜欢吃的东西，例如土豆丝，他就大口大口地吃个没完。看见自己不喜欢的，例如蒜薹、青菜、油麦菜，无论父母怎么劝说，他就是不肯吃一口。而且，他还爱吃甜食，例如蛋糕、甜饼干等，就是不喜欢吃馒头、米饭这些主食。父母每次劝说他多吃主食，小郭就十分不情愿，吃进嘴里又吐了出来，父母真希望找个好办法，纠正小郭的不良饮食习惯。

孩子只钟爱一种食物，对其他食物冷眼相对，父母必须认真对待。偏食挑食会对孩子的身体造成不良影响。一些男孩因为长期缺乏某种营养，抵抗力下降，容易患病，如发烧感冒等，还会引发贫血、缺钙等疾病。孩子偏食，不但在体形上小于同龄孩子，还会影响智力发育。据英国一项调查表明，挑食偏食的孩子在智力发育指数上要比营养摄取全面的孩子低14分。此外，挑食偏食表面上只是对孩子的身体造成影响，实际上也会给孩子的心理带来影响。当孩子不愿吃某种东西，父母会产生焦虑心理，久而久之，这种焦虑就会传染给孩子，让孩子一看到食物便产生不安。

孩子在饮食上有所偏好，可能受父母在饮食上挑三拣四的影响，也可能是因为在日常生活中，父母做饭种类单一、色彩搭配不好，影响了孩子的食欲。还可能因为孩子从很小的时候对某种食物表现出排斥，父母为让孩子尽快用餐，顺应孩子的心意，孩子想吃什么就吃什么，不喜欢吃的父母也不愿花时间去纠正，时间一长，孩子就习惯了专挑选自己喜欢的东西吃。

中国人吃饭讲究粗细搭配、荤素搭配、主食副食搭配、干稀搭配等，并且食物的颜色还要搭配得当，这才是合理的饮食。合理饮食能满足人对各种营养物质的需求，能为孩子一天的玩耍和学习提供充足的能量。即使现代人生活忙碌，无法满足合理搭配的需求，也要尽可能保持进食多样化，千万不可只偏爱于某一种或某几种食物。

改正孩子偏食挑食的毛病，培养良好的饮食习惯，其实并非难事，家长万万不可采取强迫的方式让孩子用餐，这样做会适得其反。父母只要多一些耐心与包容，给孩子充足的时间，孩子一定能逐渐改正挑食的毛病。下边是帮助孩子改正挑食偏食习惯的几种方法。

1. 父母要起到示范作用

要想让孩子不偏食、不挑食，父母要以身作则，对每种食物表现出进食欲望，并带头吃，吃完之后对食物的味道大加称赞，孩子则会效仿。

2. 耐心告诉孩子挑食偏食对身体的危害，引起孩子的注意

父母要让孩子知道，人处于生长发育时期，一定要保证身体摄入的营养成分比较全面。如果缺少某种营养，就会患上某种疾病，会大大阻碍身体其他方面的发展。父母在教育孩子时要有理有据，讲究科学性，等孩子逐渐意识到挑食是一个很严重的问题时，父母的矫正才能慢慢起作用。

3. 父母尽可能在烹饪上下功夫

在保证营养的前提下，父母可合理搭配食物颜色，还要根据孩子的喜好适当改变饭菜的形式。例如孩子不喜欢吃炒菜喜欢吃饺子，就把多种蔬菜拌成饺子馅，满足孩子的需求。不喜欢吃水煮蛋，就做西红柿炒鸡蛋或是鸡蛋羹。改变之前的食物样式，孩子可能会更喜欢。

天群最不喜欢吃蔬菜了，如果看到餐桌上有油麦菜、木耳、青椒、黄瓜等，他尝都不愿尝一口。妈妈为了纠正天群这个坏习惯，特意想了个办法。她知道天群平时最喜欢吃面食，于是把心思花在面食的改良上。为了让天群多吃些蔬菜，她换着花样给天群做面，今天吃打卤面，明天吃炸酱面，后天吃拌面，过两天吃炒面等，把各种不同的蔬菜切碎了与面条掺杂在一起。

除了丰富面条的种类之外，妈妈还在饭菜的外形上下功夫。她买来各种磨具，把米饭弄成小熊的形状，用胡萝卜做小熊的眼睛，用黄瓜做小熊的鼻子，用黑木耳做小熊的耳朵，用西红柿做小熊的嘴巴，米饭被装扮得十分好看，天群看见满心欢喜，立即就吃了。

此外，妈妈为迎合晴晴的口味，经常变换配料，外加自己的创意搭配，在原有食材的基础上，使饭菜千变万化。这些饭菜经常让天群耳目一新，他自然就更加喜欢吃饭了。

4. 让孩子在吃饭时，学会照顾别人的情绪

家庭用餐不是一个人的事情，而是一种集体行为。作为集体中的一分子，孩子应该从父母那得知，吃饭时要想着别人，照顾别人。如果自己喜欢吃什么，就全据为己有，不给别人留，而把自己不喜欢吃的东西推到别人面前，这样是不礼貌的行为。家长要让孩子知道，你喜欢吃的东西，别人也喜欢吃，大家共同分享，吃饭才更有意思。家长还应该让孩子知道，每盘菜都吃才是对做饭者的最佳鼓励。培养孩子的饮食习惯从就餐礼仪做起，这样孩子才能慢慢丰富自己的饮食结构。

5. 对孩子的进步给予适当奖励

孩子不喜欢吃某种东西，切忌责骂。如果吃饭的时候心情不好，更会影响食欲。父母可以为孩子定规矩，把每一种菜都尝一遍。如果孩子今天吃了很多口他平时不喜欢吃的食物，父母要及时给予适当鼓励和表扬，增强孩子尝试多种食物的信心。

此外，如果孩子食欲差，对食物挑三拣四，父母就要带孩

子去医院做检查。为促进孩子的食欲，在医生的指导下服用一些药物也未尝不可。

父母对孩子的知心话：

　　在你小的时候，看到你挑食，不吃胡萝卜、不吃青菜。当时我们没有依着你，捡你爱吃的给你吃，而且逼着你什么都吃一些。你现在感谢我们了吧？正是因为我们让你摄入均衡的营养，才让你拥有如此健康强壮的身体。

合理锻炼，做强壮的男孩

公园里，天才蒙蒙亮，成群结队的人们就已经大汗淋漓了——显然，清晨的锻炼已经持续了一段时间。生命在于运动，坚持锻炼的确有益于身体健康，但是不科学的锻炼不仅不会起到锻炼身体的目的，还会有损于身体健康。

韩华的父亲是一名保健医生，从小就注重培养孩子坚持锻炼的好习惯。由于长时间的锻炼，韩华的身体素质非常好，几乎不怎么生病。这样一个注重健康又非常了解保健知识的家庭，却从来见不到他们的家人晨练。

一天，一位有晨练习惯的邻居张爷爷见到韩华时问道："小华，你这么爱好运动，怎么早上不出来锻炼呀？"

原来，这位老爷爷坚持晨练已经快 30 年了，每天天不亮就起床，绕着中环路跑上十公里。等到人们渐渐起来，开始一天的活动时，张爷爷已经完成了晨练。

"张爷爷，太早晨练对身体没有好处。"韩华说道。

"怎么可能，锻炼有益身体健康，你看我今年已经 63 岁了，精神不是很好嘛，这与我坚持晨练有很大的关系。"张爷爷说道。

"是的，您的身体好，与您坚持锻炼有关系。但是爷爷，天还没有亮的时候，由于植物无法在夜间进行光合作用，二氧化碳的浓度会非常高，并且全部都聚集在树木的底部位置。在这种环境下锻炼身体，不仅不能让身体接受新鲜的空气，还会因为过度吸入二氧化碳而导致身体不适。因此，晨练的习惯并不好。"韩华长期受父亲的熏陶，对保健知识也有一定了解。他接着说道："而且您总是喜欢在马路边上跑步，还会吸收大量的汽车尾气和灰尘，同样也不利于身体健康。"

张爷爷一听，觉得孩子说得很有道理。"小华，你说得很好，那爷爷是不是不应该早上锻炼身体了？"张爷爷问道。

"不是的，锻炼身体是件好事。您可以在早上，太阳出来一个小时之后到公园里锻炼。这样二氧化碳已经被吸收得差不多了，氧气含量会非常高，负氧离子的指数也很高，对身体非常好。我就是在这个时间段里锻炼的。"韩华信心满满地说道。

一旁的韩华爸爸听着儿子的讲述，面带微笑地点了点头。

由此可见，运动也需要遵守一定的自然规律，盲目地运动不仅起不到锻炼身体的目的，还会适得其反，损害自身的健康。作为家长，从小培养孩子坚持运动的好习惯对男孩的身心健康非常重要。不过，在此之前，家长们需要了解以下知识点：

1. 清晨锻炼，在太阳出来一个小时之后进行

由于植物的光合作用需要在阳光下进行，在植物进行光合作用时，会吸收空气中的二氧化碳，释放氧气。夜间没有太阳光，植物会释放出大量的二氧化碳，吸收大量的氧气，造成空气中二氧化碳含量超标，不利于运动。太阳出来一个小时之后，

植物由于光合作用，会吸收二氧化碳，释放氧气。此时空气质量非常好，适宜锻炼身体。

2. 清晨锻炼，不宜空腹，要喝一杯温水之后再进行

经过一晚上的睡眠，人们的身体几乎没有任何能量储蓄，应适当进食补充一下能量。如果这时不仅不进食，还做大量的运动，会造成身体能量的严重透支，不利于身体健康。如果能在运动之前喝上一杯温水，不仅能够补充能量，还能加速血液循环、清洗肠胃，有利于身体排毒。因此，喝杯温水再锻炼才是正确的锻炼方法。

3. 黄昏才是锻炼的最佳时间

人们总是提倡晨练，但是研究表明，晨练有很多弊端，不利于身体健康，黄昏才是人们锻炼的最佳时间段。在这个时间段里，从体力、身体的协调力、血压血脂的稳定性来讲都非常适合锻炼。因此，帮助孩子养成黄昏练的习惯比晨练更科学。

4. 运动需要坚持，不能"三天打鱼两天晒网"

研究表明，长期的运动有益身体健康，而偶尔的运动不仅起不到锻炼身体的目的，还会加速各个关节的磨损、各个器官的负担，从而对身体造成伤害。这是因为，身体已经适应了不运动的状态，忽然间运动量加大，身体平衡被破坏，超过了平日里已经适应的承受限度。因此，锻炼身体是一个长期的过程，不能"三天打鱼两天晒网"。

**父母对孩子
的知心话:**

　　生命在于运动，从小培养孩子坚持运动的好习惯对孩子的
身心健康起着很大作用，但是一定要多了解相关的科学知识，
做到科学锻炼，这样才能真正起到锻炼身体的目的。

良好的教养，要有好的家风

平时我们观察，当你看到一个男孩待人彬彬有礼时，就会说这个男孩真有教养。例如，他不会轻易发脾气，对待不如自己的人不会总是一副高高在上的样子……正因为这个男孩的教养，所以会让所有人都觉得他可爱。因此，当我们培养孩子良好的习惯时，首先需要从教养入手，教导孩子成为一个有教养的人。

孩子在没有形成自己的世界观之前，身为父母，我们要告诉他们哪些是恶的，哪些是善的，哪些事情可以做，哪些事情不能做，还要给孩子实践的机会。"勿以恶小而为之，勿以善小而不为"，让孩子们从点滴做起，在生活中磨炼自己的意志，提高自我控制、自我调节、自我转化的能力，从而养成良好的道德习惯，形成稳定的道德品质，那便是人们口中所说的教养。

有教养的人从不炫耀他的优势：与人交往是人与人之间内心的交流，如果你的言行让别人感到了不快，甚至尴尬，那便是一次失败的谈话。不要让孩子总在别人面前炫耀自己家有多少钱，爸爸妈妈的工作有多么好，这会让对方感到心情低落，也会觉得你是一个爱吹牛而不可靠的人。

有教养的人懂得尊重他人：每个人都是平等的，也有不同的优点或者缺点，所以与人相处要懂得尊重他人，不用眼神、表情等微动作让人感到不快。也不要对别人的兴趣、爱好、习惯等表示否定态度，更不能以自己的观点来指责别人。哪怕有不同意见，也要尽量委婉。

有教养的人守时守信。

《世说新语》中有一篇小文《陈太丘与友期》，陈太丘与友人相约，但因为友人的不守时，陈太丘就先走了。友人来后，对着陈太丘的儿子元方说："真不是人呀！和别人约好却自己走了。"元方听后，反驳说："您与我父亲约的是正午，您正午没有来，那是您不守信；现在您又对着我骂我父亲，真是太没有礼貌了。"

小小的元方将这位友人说得无地自容，友人的教养让人猜度，如果他有教养，那他就会守时守信。现在他毫无时间观念，又骂人，这的确是没有教养呀。所以，一定要告诉自己的孩子，守时守信是有教养的表现，做事要有计划、有安排，同样也是有教养的体现。

有教养的人随时注意自己的言行：一个人的仪态可以反映出不同的思想境界、精神面貌、道德观念，既构成外在美，也体现内在美。告诉孩子要注意平日的细节，比如说话要看着对方的眼睛；不能随意打断别人的话；公共交通工具上，要给老幼病残孕让座；与长辈说话不能大吼大叫；吃饭不能拿筷子乱翻菜，嘴巴不能发出太大的响声，不能玩手机……

父母对孩子的知心话:

　　一个人的教养，是日积月累形成的，是靠平日的点滴小事表现出来的。所以，为了让你变得有教养，我们一直特别要注意。让自己平时言谈举止都做到得体，因为我们知道每个男孩都是善于模仿的，给你一个纯净的环境，你才能有教养地成长。

第八章

学习社交能
力，男孩需要
更多的朋友

让害羞的男孩，能够勇敢展示自我

有些男孩就像羞答答的玫瑰，不好意思当众开放。他们有才艺、有特长、有特色，却羞于展现自我。他们聪明懂事，招人喜欢，可是在机会面前却"谦让""太老实"。对于这种气质，有些父母比较担心。

章女士的儿子阿超，在老师和长辈心中是个聪明懂事的男孩。可章女士却不满意，总是说儿子"太老实"。

"前几天，我带儿子去上游泳课，遇到他的同学凡凡。凡凡赶紧游到我身边，使劲表现，想吸引大人的注意，甚至还指着阿超得意地和教练说'他追不上我'。再看阿超，竟然一脸漠然，好像没听见凡凡跟他说话一样。其实，阿超游得不比凡凡差，可是阿超却不敢表现自己，不敢接受挑战。"说起前几天的事，章女士满脸的无奈。

章女士的丈夫刘先生却不以为然："干吗总要孩子表现自己？太爱表现的孩子，显得张扬、高调，是不招人喜欢的。"

章女士叹了一口气："我只是不希望阿超太老实！我喜欢他有胆量，敢于展现自我。以后社会竞争那么激烈，不懂得展现自我，不懂得自我推销，怎么能获得机会呢？"

鼓励孩子展现自我是有必要的。展现自我并不是自我吹嘘，也不是讨好别人，更不是贬低别人来抬高自己，而是实事求是地表现自己的胆识、才华、特长。这样，机会才更容易眷顾孩子。

很多男孩不爱展现自我，不爱表现自己，这可能是以下两个原因造成的：

1. 孩子的先天气质

每个人都有特定的气质。有的男孩内向文静，不爱当众说话，不喜欢积极表达自己；有的男孩外向活泼，走到哪里都自来熟，喜欢表达自己，展现自我。因此，不顾孩子的特定气质，硬逼着孩子去展现自我，是不尊重孩子的表现，会让孩子觉得很别扭、很难受，无法做真实的自己。

2. 孩子不够自信

有些孩子从小到大都不爱表现自己，这与他们的自信心不够强有关。比如，在集体活动中，总是扮演配角；在团队活动中，总是充当协助者，而不是主导者；遇到班级竞选，没有勇气站起来自我推荐。再者，孩子不自信还表现为，他们认为自己的特长没有什么好展现，或者说还未达到展现的水平，如果展现出来，可能会引起别人的不良评价。

那么，父母应该怎样引导孩子，才能让孩子敢于展现自己呢？

1. 肯定并鼓励孩子的特长

男孩羞于展现自己的风采，往往与他们缺乏自信有关。因此，父母可以找出孩子的特长，给予孩子肯定和鼓励。比如，通过唱歌、跳舞、参与家庭事务的讨论等，让孩子有机会表现自己，也让父母有机会肯定孩子。

茶余饭后，一家人闲聊。父母可以哼唱歌曲，引导孩子唱歌。在孩子唱的时候，父母可以跟着打拍子，等孩子唱完，父母可以肯定道："儿子，你的嗓音很适合唱这首歌，唱得真好听。"

全家人商量事情时，可以鼓励孩子参与，询问孩子的观点，并适时肯定道："你的想法很有新意，爸爸妈妈都没想到。爸爸妈妈觉得这个想法可行，谢谢你，儿子!"通过这些日常小事，可以极大地激发孩子的自信，激发孩子展现自我的热情。

2. 拓宽孩子的交际和接触面

男孩羞于展现自我，往往与他们不好意思的心理有关，也与他们缺少交际，接触面不宽有关。当他们想到要面对众人的目光时，就会感到不安和紧张。其实，他们内心也很想展示自我，无奈胆量小了点。对于这种情况，父母可以有意识地扩大孩子的接触面，让孩子经常面对陌生的人和环境，从而减轻孩子的不安心理，锻炼孩子的胆量。

比如，闲暇时，带孩子走亲访友，让孩子和不同年龄的孩子一起玩耍，建立友谊。购物时，让孩子去收银台付钱；节假日带上孩子，约上三两个同事或好友，背上行囊去旅游，让孩子置身于川流不息的游客潮中。随着孩子见识的增长，孩子面对众人的目光时，就会多几分坦然。

3. 为孩子创造展现自我的机会

想让孩子走出家门，在众人面前自我展示，父母需要有意识地为孩子创造机会。如果不创造机会，不让孩子经常接受这方面的锻炼，突然让孩子去展现自我，孩子往往会产生退缩心理，或表现得不自然。

一般先在家里创造机会，再慢慢地带孩子走出家门，到熟悉的亲戚朋友家，再鼓励孩子在不太熟的人面前展示自我。当孩子经常经历这样的事情时，哪怕让孩子在陌生人面前展示自我，相信孩子也不会怯场的。

4. 内向的孩子未必不能有所成就

虽然我们鼓励父母引导孩子积极展现自我，但对于天生内向气质的孩子，父母实在没有办法让孩子在众人面前站出来展示自我，那么父母就应该调整自己的心态了。

> **父母对孩子的知心话：**
>
> 内向是一种气质，内向的人也有自己的优点。内向的人不善言谈，生活空间相对较小，精力相对集中，观察事物比较深入，做事情比较有耐心，喜欢进行深入的思考。同时，他们性格温和，更容易与人相处，进而赢得别人的信任。而这种信任感可能在不知不觉中给他们带来机会。所以，我们发现你因为气质方面的原因不爱展现自己，我们不会着急，而会以一种平和的心态对待。

要想有朋友，男孩需要学会分享

现代社会，大多数家庭里都只有一个孩子，尤其在一些思想观念落后的地方，如果生的是个男孩，那父母、爷爷奶奶、姥姥姥爷会把所有的爱都倾注到了孩子身上，满足孩子的一切要求。实际上，对于孩子而言，拥有这样优渥的生活条件未必是好事情，因为在无数人的关爱之中，孩子难免会渐渐养成以自我为中心的思想，甚至完全忽略身边人的情绪和感受以及需求。这样一来，孩子如何能够做到为身边的人着想呢？

很多年幼的男孩都不愿意分享，什么都要自己独自霸占，这是因为孩子已经习惯了独占家庭里所有的资源，而从来不考虑别人的需求。因此，父母要告诉孩子学会分享，也要在日常生活中引导孩子与父母分享，唯有如此循序渐进地培养孩子分享的精神，孩子才能养成分享的好习惯。

迄今为止，妈妈还记得乐乐小时候的一件事情。那时候，乐乐才4岁多，有一天妈妈正在帮助乐乐洗澡，突然想起白天看到的一篇文章，妈妈随性所至，问乐乐："乐乐，如果现在妈妈和你在大沙漠里，我们的身边只剩下一小块儿饼干，没有其他任何的食物和水，你会怎么做呢？"乐乐看着妈妈，眼眶红了起来，眼泪马上就要流出来，他动情地对妈妈说："妈妈，我一定会把饼干分开，你吃一点，我吃一点，这样我们就可以一起活着。"听到乐乐的回答，妈妈觉得非常感动。在日常生活中，妈妈经常引导乐乐与人分享，为此乐乐很受人欢迎。

春游时，妈妈精心为乐乐准备了很多美味的食物。野餐时，乐乐把自己的美食与同伴分享，当然，他也得到了同伴的慷慨馈赠。在春游即将结束的时候，有一个同伴因为带的水太少，感到非常口渴，乐乐得知情况后，就把自己仅剩的一瓶酸奶送给了同伴。回到家里，乐乐很口渴，赶紧去冰箱里拿出一瓶水咕噜咕噜灌下去。妈妈纳闷地问乐乐："乐乐，你带了那么多水都不够喝吗？"乐乐对妈妈说："有个小伙伴早就渴了，我就把我的酸奶给他了，因为当时我并没有他那么渴。不过在回来的路上我感到很渴，所以我就一直忍着。"听到乐乐这么说，妈妈没有责怪乐乐，而是对乐乐竖起大拇指，赞赏乐乐这种助人为乐的精神。

一个人如果慷慨地帮助他人，愿意与他人分享，就一定会得到回报。常言道，赠人玫瑰，手有余香，帮助别人本身就是一件让自己快乐的事情。

男孩是否愿意分享，与父母对他们的教养方式有很密切的关系，如果父母在日常生活中能够引导孩子乐于分享，孩子渐渐地就会养成爱分享的习惯。如果父母在养育孩子的过程中总是让孩子吃独食，玩所有好玩的玩具，而忽略身边的人，那么孩子即使不断地成长，走上社会，也会因为不愿意分享而失去好人缘。

　　分享快乐，一份快乐就会变成双倍的快乐；分享痛苦，一份痛苦就会变成一半的痛苦。孩子在成长的过程中未必会顺心如意，因此，一定要学会与身边的人分享，这样才能够得到他人的安慰和支持，才能够得到他人的帮助与付出。当然，分享的目的不是为了得到回报，但是爱会在人与人之间循环，会让每一个付出爱的人都变得更加富足。

　　每个人都要学会分享，尤其是男孩，更要善于和乐于分享，这样才能成为处处受人欢迎的人。若一个男孩故步自封，把自己封闭在狭小的个人空间里，那么他的人际关系可想而知，一定会非常贫瘠。要想让孩子获得幸福，父母就要让孩子学会分享，告诉孩子分享的意义。分享不但孩子得到快乐，而且能让孩子得到幸福的回报。

> **父母对孩子的知心话：**
>
> 　　分享的时候，你也许会失去一些东西，但是你要相信，你得到的一定比失去的更多。即使很珍贵的东西，如果对方需要，如果我们能够给得起，也是可以分享的，因为爱是在人与人之间不断流转的精神，最终会给我们最丰厚的回报。

男孩间难免发生冲突，家长切莫"出手相助"

2017年11月20日，江西南昌一小学内，一位奶奶堵住了一名高年级男生，追着他一直从校门口殴打到教室门口。事后，人们了解到：老太太的孙子一天前和那名男生发生了冲突，所以，第二天她就怒气冲冲地来学校给孙子"报仇"。最后，警方也介入了调查。

家长都希望孩子生活在一个公平、和谐的环境中，但是孩子之间发生冲突时，家长愤怒地介入，不理智地出手，绝非解决问题的正确态度。可悲的是，社会上类似的事情屡见不鲜，甚至因孩子之间的冲突酿成悲剧事件。

男孩之间发生冲突是再正常不过的事情，小时候男孩之间会争抢玩具，会发生推搡，大了男孩之间会发生口角，会扭打在一起。遇到这种情况，有些家长无法冷静。因为爱子心切，就会本能地冲上去以暴制暴。

然而，这样做根本不能解决孩子之间的冲突。首先，武力不仅无法解决问题，反而会让问题更加激化。其次，家长会给孩子做错误的示范，误导孩子用武力解决冲突，这是极不明智的。

当然，还有一些家长比较注重自我反省。他们会教育孩子从自身找原因，即便对方错得很明显，他们也会要求孩子反省、认错。这看似是在教育孩子，却无形中让孩子受到了不公平对待。孩子会感到非常委屈，甚至会失去信心，自暴自弃。即便以后受到了欺辱和霸凌，孩子可能也不会向家长求助了，而是默默忍受，隐忍退让。久而久之，孩子就很容易形成懦弱、自卑的性格。

那么，当男孩之间发生冲突时，家长该不该插手呢？

1. 明确什么时候应该介入

一般来说，男孩之间打打闹闹、推推搡搡，不会引起什么伤害，也不需要大人的干涉。如果大人急着介入，反而会剥夺男孩获取宝贵社交经验的机会。男孩之间的冲突是难免的，但冲突发生之后，能够解决冲突，能够继续保持良好的关系，这才是男孩的本事。

所以，原则上来讲，有冲突、有矛盾应该尽量让男孩自己解决。作为父母，可以充当旁观者，而不是仲裁者，可以给孩子提出建议，但最好把解决冲突的主导权交给孩子。如果孩子没能力解决冲突，父母再找准时机介入也不迟。

那么，应该什么时候介入呢？如果孩子之间的冲突升级到暴力，出现了如打、咬等明显会造成孩子受伤害的行为时，大人就应该立刻介入并制止。但是不要马上呵斥进攻的孩子，而要先安抚受伤的孩子。

2. 公平制止，不要偏袒任何一方

所谓公平地制止，是指不拉偏架，不护犊子，而要把孩子关注的焦点集中在问题本身，而不是冲突上。

生活中，有些家长会在介入后偏袒自己的孩子，有些家长则会替对方孩子说话，还有家长会纠结于"是谁先动手的"。这都不是公平的介入法则。家长应该认识到，一旦介入了孩子的冲突，就应该充当和平使者，而不是仲裁者。谁先动的手已经不重要，重要的是制止这场冲突，引导孩子解决冲突。

3. 大事化小，小事化了

在介入孩子的冲突之后，家长应引导孩子大事化小、小事化了。这样有利于培养孩子豁达、友善的人际交往观念。家长首先要向孩子传达这样一种信息：人与人之间有冲突是很平常的事情，有人的地方就免不了有冲突。既然冲突过去了，就不要计较谁对谁错了，大家还是好朋友。

男孩的世界其实很简单，他们是很容易原谅别人的，冲突造成的不愉快只是事情发生的那一瞬间。这就是为什么，我们看到两个孩子刚才还在闹矛盾，过几分钟又玩到一起了。

4. 孩子经常卷入冲突时，要警惕校园欺凌

孩子之间的大多数矛盾冲突，都是在与同学交往时发生的。但有些冲突可能超出了单纯的范畴，有校园欺凌的成分在里面。当孩子频繁告诉你与人发生冲突，或总是被人欺负时，你应该先确定：孩子和一个人发生冲突，还是和多个人发生冲突；是偶然性的，还是经常性的；冲突的方式是怎样的。

如果确定孩子只是和一个人发生冲突，那就可以排除校园欺凌。如果孩子被多个人欺负，那么家长应该在第一时间了解事情始末，搜集证据，并将问题反映给老师。家长切勿对孩子

说："咱惹不起躲得起。"因为这不是解决问题的办法，时间长了，孩子还会形成退缩型人格，甚至变得自卑、焦虑、孤僻。

父母对孩子的知心话：

　　孩子们之间发生一些矛盾冲突，未必就是一件坏事。人际交往中的不愉快经历，会让孩子不断成长，也会教孩子学习如何与人相处，这会提升孩子的耐挫力，提升孩子的人际交往能力。所以，家长可以用豁达的心态看待孩子之间的冲突，引导孩子掌握一些交际技巧，比如，宽容别人、谦让同学、坚持自我、勇敢面对等。要鼓励孩子运用智慧去解决冲突，这才是合乎实际的，合乎成长规律的。

学会道歉，是男孩交际的必修课

年幼的孩子由于缺乏是非观念、责任意识和自我控制的能力，对自己所犯的错误认识不足，不懂得道歉。但随着年龄的增长，男孩的道德感、羞耻感等高级情感的发展趋于完善，教男孩学会道歉是父母必须重视的问题。

13 岁的吴刚是个名副其实的"小霸王"，走亲访友或和小区的孩子玩时，不是推倒邻家妹妹，就是故意去抢别人的东西。爸爸妈妈经常要为吴刚闯的祸收拾残局，可吴刚自己连个"对不起"都不说。

有一次，妈妈带吴刚到姨妈家做客，吴刚和同龄小月份的妹妹玩成语接龙游戏。玩着玩着，吴刚接不下去了。妹妹见状，就笑着说："真是笨蛋啊，这么简单都不会！还说你在家经常看《成语大全》呢！要不要给你一个提示呢？"

吴刚觉得没面子，生气地一把推倒了妹妹。妹妹坐在地上，大声质问吴刚："你凭什么推我，打人算什么本事！"

妈妈闻声过来，拉住正准备再次动手打人的吴刚，要他向妹妹道歉，可是吴刚不说话。眼看妈妈伸出手就要打自己了，吴刚才不服气地拉着长声说："我错了，哼！"看着吴刚一副不知错的模样，妈妈真是又急又气。

随着男孩年纪增长，逐渐步入青春期后，脾气火爆，加之任性调皮，心理又不是很成熟，犯错是很正常的。可是怎样对待错误，这个态度是非常重要的。让青春期的男孩知错认错，懂得向别人道歉，这并不是一件容易的事，但却是人际交往的必修课。

礼貌地道歉有助于男孩接受承担错误的责任，同时获得别人的谅解，从而更愿意纠正错误。学会道歉，能将男孩从不良行为和恶习的黑洞中拉出，不但能提升孩子的形象和声誉，还能有效地改善男孩的人际关系，使男孩成为一个有教养、懂礼貌的小绅士。

那么，父母怎样才能教会孩子正确地道歉呢？

1. 带着孩子一起道歉，给孩子做示范

男孩做错了事情不知道道歉，往往与父母不知道道歉有关。有些父母没有正确的是非观念，做错了事情之后，不主动道歉，反而把责任推给别人，指责别人不对。如果孩子长期看着父母这样为人处世，那显然对孩子是不利的。

如果父母是个谦谦君子，做错了事情知道承认错误、懂得道歉，就会给孩子好的示范，孩子在不知不觉中就能学会道歉。比如，在家庭生活中，爸爸和妈妈争吵了几句，事后爸爸主动对妈妈说："抱歉，我刚才不应该对你大喊，你没有错，只是我今天心情不好，请你别往心里去！"如此一来，就能给孩子上一堂宝贵的交际课。

当然，如果有机会，父母还可以带着孩子一起道歉。比如，孩子做错了事情不好意思道歉，父母可以自我检讨，带孩子去

道歉。相信这样的道歉经历会让男孩铭记一辈子。

一个 12 岁的"熊孩子"在乘电梯时，把所有的楼层都按了个遍。邻居非常不满，就投诉到小区保安那里。男孩的爸爸知道了这件事就教育儿子：乱按电梯不仅会耽误别人乘电梯，还会影响电梯运行安全。男孩听后连连点头，表示以后再也不这样做了。

"那你写一份检讨书贴在楼梯里，给大家道歉！"爸爸说。

男孩拼命地摇头，说什么也不肯写检讨、写道歉信。

爸爸说："爸爸没有把你教育好，爸爸也有责任，我们一起写！"

在爸爸的提议和指导下，父子俩各写了一份检讨书。男孩在检讨书里说明了事情原委，还向大家保证，以后再也不做影响大家的错误行为了。

爸爸则在检讨书上说："身为父亲，我对孩子的行为负有不可推卸的责任，我向大家道歉，请大家一起监督我家孩子的行为。"

随后，父子俩把检讨书贴在电梯里。

看了这位父亲的教子故事，你有什么感触呢？如果天下父母都像他那样教育男孩，相信每个男孩都懂得道歉，都懂得知错改错。

2. 第一时间道歉，做个敢作敢当的人

当孩子做错了事情时，父母应该教孩子在第一时间道歉。第一时间道歉，体现的是一种敢作敢当的形象，是积极承担责任的态度。做错了事情，给别人造成了伤害，若能第一时间道歉，将会最大限度地缓解别人的不满和痛苦。反之，迟迟不肯

主动道歉，到最后才被逼无奈道歉，则会让道歉失去意义，也得不到别人的谅解。

3.道歉要诚恳，最好做出弥补行动

既然选择了道歉，那就应该表现出诚恳的态度，认真地道歉。如果孩子嘴里的"对不起"三个字，就像发射器一样，在犯错之后马上发射出去，没有一点感情，那么，这种敷衍式的道歉不仅得不到别人的谅解，反而会让别人更加不满，甚至会激怒别人。

4.道歉后，给接受道歉者一点时间

父母要教育孩子："当你诚心诚意地道歉，甚至重复道歉之后，如果对方没有什么反应，那么你不要着急。千万不要说：'我都道歉了，你干吗还生气！'因为道歉是你的责任，是你应该做的，别人是否谅解你，是别人的自由和权利。所以，请给对方一点时间，借着冷静的时间里，可以观察对方是否有原谅你的迹象，或再寻找其他能够让对方谅解的道歉方式。比如，递给对方一个纸巾，给对方倒杯水，收拾一下错误造成的残局。"

> **父母对孩子的知心话：**
>
> 道歉是体现一个男子汉担当的行为。所以，我们在你很小的时候，就以身作则地告诉你，如果你做错了，就需要道歉。我们做错时，不是也向你道歉了吗？道歉是你为自己的过错负责的一种行为。当你懂得向他人道歉，你才会拥有更多的伙伴，才会是更有担当的男子汉。

莫让孩子"宅"在家，男孩就该多参加集体活动

男孩的身心健康关系到每个家庭的幸福，而男孩的身心健康与父母和家庭环境、学习环境、成长过程是密切相关的。许多男孩随着年龄越来越大，会出现各种各样的问题，其中常见的问题之一是人际关系不好，逃避人际交往，而喜欢"宅"在家里。那么，这类男孩是什么心理呢？

陈成是一所重点初中的初二男生，原来学习成绩一直很好，但不爱与人交往。每天放学回家，就躲在房间不出来，除了吃饭、洗漱。上学一个人去，放学一个人回。在学校，总是一个人坐在座位上默默地发呆，或埋头于书山题海。他拒绝一切体育活动，拒绝一切室外活动。在他眼里，上学只是为了学习。

后来，他喜欢上了玩游戏，一开始还能先写作业，再玩游戏，懂得节制。到后来，他会熬夜玩游戏。由于他头脑聪明，即使在学习上不那么用心，成绩也保持在班级中等偏上。但随着对游戏的痴迷程度越来越深，他的成绩出现了明显的下滑，眼睛也近视了。

对于孩子的成绩，父母倒是不那么担心，他们相信只要孩子不那么"宅"，积极走出家门，走进集体活动中去，在与人交

往中感受到快乐，他就能够慢慢淡化对游戏的痴迷。可是，怎样才能让孩子不再孤僻地"宅"在家里呢？

男孩不爱交际，喜欢"宅"在家里，这种现象并不少见。那么，为何越来越多的男孩更愿意"宅"在家里呢？这对他们的身心健康会造成什么影响呢？

据调查研究发现，长期"宅"在家里的男孩，很容易因缺乏运动而导致身体素质较差，还会因缺少与人交往而变得性格孤僻。"宅"在家里，孩子往往会选择玩游戏，因此小"宅男"很容易迷恋游戏、上网成瘾而无法自拔。

相比于积极参与集体活动，积极与人交往的孩子，"宅男"长大以后，会在三个方面存在较大的差距。

1. 人际交往方面

"宅"在家里的男孩，每天面对的都是父母，每天做的事情也很机械，几乎接触不到新事物，没有人会教他如何与人交往。而经常走出家门与人交往的孩子，则有更多的机会学习与人打交道，见识也会更加广阔。

2. 知识面方面

整天"宅"在家里的男孩，最常做的事情就是看电视、玩电脑，无法接触到外面精彩的世界。因此，这会使孩子的知识面变得很窄。而那些经常往外跑的孩子，可以接触大自然，接触各种各样的玩伴，看到各种各样的事物，他们从中不仅能够获得乐趣，还能增长知识面。

3. 性格方面

经常"宅"在家里的男孩，往往性格偏内向，就算性格不内向，但由于长期"宅"在家里，也容易慢慢变得内向。而经常往外跑的孩子相对来说，性格会开朗得多，更容易结交朋友，更容易与人相处。

　　了解以上三个方面的差距后，相信每一位父母都希望孩子积极走出门，不再做沉默寡言的"宅男"。那么，父母应该怎样引导男孩呢？

1. 对男孩的"宅"要区别对待

　　如果孩子人际交往能力较强，户外活动参与性较高，就算平时喜欢"宅"在家里，那你也不用担心。如果孩子的"宅"是在缺乏社交能力情况下的无奈选择，如果孩子的"宅"是不善交际、不爱运动，无法适应学校环境之下的无奈选择，家长就要警醒起来，赶紧帮助孩子提升交际能力，逐步引导孩子走出家门。

2. 为孩子创造外出交际的机会

　　想让"宅男"变得乐于交际，父母要给孩子创造交际机会。比如，经常带孩子走亲访友，和朋友们一起带着孩子去参观游览、旅游踏青、观看演出节目；还可以邀请亲戚朋友带孩子来家里玩，让孩子有机会接触到更多的玩伴，慢慢打开孩子的心扉，提高孩子与人交往的热情和积极性。

3. 鼓励孩子积极参与集体活动

　　父母可以根据孩子的能力、兴趣爱好组织集体活动，发挥同伴间的鼓励作用，提高孩子的自信。比如，几个朋友带着孩子在公园的草坪上玩老鹰捉小鸡的游戏。通过类似的集体活动，让孩子感受到快乐，激发孩子与人交往的热情。父母还可以鼓励孩子在学校多参与体育活动，比如，和同学打篮球、踢足球。

4. 要积极发挥荣誉的激励作用

当孩子在集体活动中取得进步，或有突出表现时，父母应该给予孩子肯定和赞扬，比如："今天你在足球比赛中进了两个球，还有一个助攻，帮助你们班获得了一场比赛胜利，你的表现太棒了！""东东，你今天的表演很出色，爸爸真为你高兴。"类似的鼓励性语言是激发孩子参与集体活动的无形动力，父母千万别放弃任何一个表扬孩子的机会。

父母对孩子的知心话：

你有一段时间不希望出去交际，希望一直"宅"在家里。这虽然没什么，但你这个年纪，若是没有朋友，那对于你的童年将是一种缺失。所以，我们一直在引导你多参加一些活动、多参加各种的聚会。现在看到你慢慢喜欢出门和朋友一起玩，看到你脸上又重新有了笑容，我们倍感欣慰。

男孩不能只想着自己，需要拥有团队意识

很多家长都望子成龙，觉得男孩子应该从小多学一些才艺，希望在未来能居于不败之地。可是，很多父母却忽略了对男孩团队合作能力的培养，结果，孩子学会了表现自己，只想让自己显得与众不同，但却越来越不擅长与人合作。

星期六下午，妈妈应儿子的"邀请"，去学校助战他的足球比赛。比赛进行得很激烈，但遗憾的是，最终儿子所在的班队以零比二输给了对方。

回家的路上，儿子有些气愤地说："他们都不给我传球！我们一次进攻都组织不起来！我好容易拿回球，可对方配合又那么好，都找不到机会射门。"

妈妈笑了笑："不知道你有没有从自己的话里找到这次失败的原因呢？"

儿子一愣，妈妈继续说："我知道，你们都想赢，可是你们班的同学显得太急躁了，而且都很突出个人表现；但对方班级的同学却很讲究团结，他们之间的传带配合很默契。团队合作得好，才是他们取胜的最大法宝啊！"

儿子紧皱了眉头，陷入了沉思，接下来的一路上，他都没

再说话。等进了家，儿子就对妈妈说："妈妈，能把您刚才说的再给我说一遍吗？下个星期一，我这个队长要给大家开一次会，好好讲讲团队合作。"

如果一个人缺少团队合作意识，那么仅凭单打独斗，是不可能有太大发展的。正所谓"人心齐，泰山移"，现今社会更多的工作是靠团队协作来完成的，如果孩子没有合作能力，不但很难发挥出自己的特长，也无法享受团队成功所带来的成就感。

所以，我们不要只想着让自己的孩子"出人头地"，应该尽早训练他学会与人合作，增强他的团队意识。这样，孩子才能更好地融入一个集体，并在其中发挥自己的光和热，而只有在集体中展现出自己的价值，他才能体会到合作的乐趣。

1. 在生活中培养孩子的团队意识

在家庭生活中也可以通过立规矩来培养孩子的团队合作意识，就像下面这个小故事：

家里大扫除，妈妈安排好了任务：爸爸清洁厨房与卫生间，妈妈整理大卧室与客厅，9 岁的儿子则主要打理自己的卧室。妈妈说："以后这就是咱们家大扫除的规矩。让我们发挥团队合作精神，一起把家收拾干净吧！"

儿子好奇："搞卫生还有团队精神？"妈妈笑笑说："当然。我们全家 3 口人，每人都掌管着一片卫生区域，无论谁做不好，都不能算是一次成功的大扫除。你说，这是不是团队合作啊？还有，各司其职就是我们要遵守的最好的规矩。"

儿子恍然大悟："还真是，看来我也得好好收拾收拾我的屋子了。"

团队合作在生活中有很多体现，所以平时我们可以对孩子多加锻炼。除了事例中这种全家集体大扫除之外，我们还可以全家集体到超市购物，列一个清单，然后每人负责拿几样东西，直到买齐所有物品为止；或者和孩子一起玩多米诺骨牌之类的游戏，虽然是玩耍，但这也需要团队合作，否则游戏也无法顺利进行下去。在某种意义上，这也是一种规矩。

这时我们只需要让孩子明白，团队合作就是要每个人都发挥作用，而且还要大家互相之间有所联系，还不能随意破坏这种规矩。这样，要做的事情才能最终成功，这个过程也能培养他的集体荣誉感。

2. 鼓励孩子多参加集体活动

集体活动往往最能培养孩子的团队意识，因此，当孩子的学校、班级或者同学之间组织了什么有意义的活动，我们要予以支持，并允许他去参加，还要告诉他多注意与他人的协作，不要只想着靠自己一个人的力量完成某件事。可以这样提醒他："活动之前老师或者组织者可能会安排任务，你要专心做好自己该做的事情，如果分组做的话，你就要多和同组的同学交流一下，看看你们怎么做才能配合默契，才能在不起冲突的前提下顺利完成任务。"

3. 教孩子学会欣赏并尊重他人

在团队合作中有一点很重要，那就是成员彼此间是否能够达成默契。而要达到默契，最基本的就是不能歧视团队中的其他人，也不能嫉妒或者反对其他人。所以，我们要教孩子学会欣赏并尊重他人，可以给他讲讲"人各有所长"的道理，引导他发现他人的长处。同时，也要帮他分析一下自己的优劣势，让他明白什么叫"优势互补",并告诉他,团队中的人只有做到互补,才可能圆满完成一件事,任何一个人如果不尊重其他人,都有可能会影响到他自身能力的发挥,也将影响整个团队的利益。

4. 提醒孩子多和团队中的人进行沟通

每个人都有自己的意见,互相之间也会出现意见不合的情况,所以团队中出现不和谐的声音也是在所难免的。但关键就要看人们如何避免或去除这些不和谐"音符",这也是保证团队合作顺利的重要因素之一。所以,我们要鼓励孩子多沟通。而且,平时当我们的意见与孩子的意见不同时,我们就要说出自己的意见,并引导孩子说出他的想法,然后两相对比,看看怎样做才是正确的。不过,我们要提醒孩子的是,如果他的意见是正确的,那么他千万不能骄傲,也不能因此就瞧不起人,而是要认真、耐心地将意见表达出来,并使他人信服;如果他的意见是错误的,他也没必要感到沮丧,只要改正错误的认知,并认真做好自己该做的就可以了。

父母对孩子的知心话:

因为你从小是独生子女,缺少团队意思,做什么事都以自己为主。我们发现这样对于你的交际和以后步入社会会非常不利。因此,一直鼓励你参加团体活动,融入团队当中。现在,你参加了很多社团,你也发现了很多事情的完成,都需要团队的力量。看到你这点的改变,我们很开心。希望你能一直牢记这一点——团结力量大。

第九章

正确看待男孩青春期，早恋不是有毒的玫瑰

当男孩开始对异性出现好感时

孩子在成长发展的过程中要经历三个阶段，在第一个阶段中，他们与异性之间是两小无猜的关系，彼此心意相通毫无芥蒂。在第二个阶段，他们会故意疏远对方。第二个阶段通常出现在小学中高年级阶段，这个时期孩子正处于儿童时期，他们已经形成了男女有别的意识，因而与异性之间不会有太多的交集。这个时期，女孩和女孩玩，男孩和男孩玩，是班级里的常态。然而，度过这个阶段进入青春期之后，男孩开始对异性产生浓厚的兴趣，并且开始关注身边的异性。为了在异性面前有好的表现，他们更加注重自己的穿衣打扮，更关注自己的外表，他们的言行举止也会有不同的表现。民间有句俗话，叫作男女搭配干活不累，指的就是异性相吸。在这种心理规律的影响下，男生和女生都很愿意在对方面前表现自己，因此，即使他们已经很疲惫了，但是为了给对方留下好印象，也会鼓足干劲。这就是异性之间的相互吸引在发生作用。

进入初中阶段之后，异性之间相互吸引的情况会有明显的表现。青春期男孩很喜欢那些温柔和善的女孩，他们会主动给女孩写纸条、写情书，也会勇敢地与女孩搭讪。

有些男孩在意识到自身对于女孩儿的好感之后，会感到非常羞愧，甚至觉得自己这样对女孩生出异样的感觉是不好的行为。实际上，异性相吸在两性之间是很正常、自然的法则，青春期男孩对女孩产生好感也是正常的现象。男孩在感受到心中的异样感觉时不要有过分的罪恶感，否则就会导致自身的情感发展遇到障碍，变得扭曲。最好的方式是接纳和正视自己的感情，或者采取转移注意力的方式，把更多的时间和精力用于学习，这样一来，就可以避免因为对异性的好感而影响正常的生活和学习，也可以利用在异性面前好好表现的心态督促自己更加努力上进。

最近，刘军喜欢上了坐在他前排的女孩，原本他对于这个女孩并没有特别的感觉，但是升入初三之后，有的时候刘军还在上课呢，就会出神地看着女孩的背影。在没有人的时候，刘军还会幻想自己和女孩交往的情形。然而刘军表达自己对女孩喜爱的方式很特别，他特别想引起这个女孩的注意，有的时候会用东西夹住女孩的头发，有的时候会故意推女孩的板凳，看着女孩生气的样子，他的心里就得意扬扬。

女孩正式对刘军提了好几次意见，要求刘军收敛行为，但是刘军并未有所收敛，反而变本加厉。无奈之下，女孩只好找到老师，要求调换座位。

青春期男孩如何度过异性好感期呢？首先，男孩要摆正心态，自然大方地与女孩交往，青春期男孩对女孩产生好感是正常现象，因此无须感到羞愧。如果男孩能够做到与女孩坦诚相见，在学习上相互帮助，那么这样的友谊就是值得赞许和提倡的。其次，男孩在女孩交往的时候一定要把握好分寸，留有余地，很多男孩不理解女孩的心思，在对待女孩的时候也像对待同性的哥们儿那样随意，殊不知女孩的心思是很细腻的，也很敏感脆弱，男孩在面对女孩的时候一定要谨言慎行，不要开那些低俗的玩笑，更不要随便与女孩进行肢体的接触。总之，男孩要与女孩相互尊重，平等对待对方，如此才能与女孩之间发展友谊。

父母对孩子
的知心话：

　　男孩喜欢女孩，这是很正常的现象，当你开始喜欢一个人的时候，就意味着你渐渐地成长，进入了青春期，也快要成为成熟的男性。喜欢一个人并没有错，重要的是要把握合适的时机，青春期男孩还小，应该以学业为重，可以与女孩发展友谊，但是不要与女孩轻易地尝试恋爱，毕竟青春期的恋爱是苦涩的，也因为彼此对爱情的了解不够深刻，心态不够成熟，所以很难取得圆满的结果。

收到女孩的情书，教导男孩如何正确处理

在青春期，很多男孩都会收到女孩的情书或者是传情达意的小纸条。有的男孩在看到这些情书或者小纸条的时候会如同拿到烫手的山芋一样，不知道该怎么处理才好。有的男孩子会扬扬得意，因为有人喜欢自己总归是一件好事情。还有的男孩心智发育不够成熟，会把这件事情公布开来，导致女孩非常被动和羞愧，使得原本可以变成好朋友的两个人反目成仇，彼此怨恨。

收到女孩的情书之后，在决定如何处理之前要先考虑很多问题。首先要确定自己眼下的最主要任务是好好学习，这样才能令自己的成长变得更加充实；其次，要知道青春期男孩与女孩之间的早恋并不是真正的爱情，而只是彼此的相互喜欢，如果把这样的感情变成相互鼓励，在学习上彼此支持，则对于男孩的成长是很有利的。在确定这两个基本原则之后，男孩就可以找出合理的方式应对女孩的表白。

要注意的是，最糟糕的处理方法就是不尊重女孩、无视女孩，把女孩的表白公之于众，这样一来会让女孩的内心受到伤害，也会导致女孩不知道如何继续面对男孩。本来可以成为好

朋友的两个人就会变得彼此仇视，这当然不是最好的结局。对于女孩的表白要委婉隐晦地拒绝，因为女孩的自尊心很强，感情也很敏感细腻，如果男孩直截了当地拒绝女孩而且不讲究方式方法，伤害了女孩的自尊心，女孩就会非常伤心。在做好这件事情之后，才可以当什么事儿都没有发生一样，继续与女孩当好朋友，把彼此的好感变成友谊，从而给彼此在学校里的学习生活增添色彩。

当然，有的男孩之所以会收到女孩的表白，是因为他们在与女孩交往的时候没有把握合适的度，给了女孩一定的误会和不存在的希望，所以女孩才会误以为男孩喜欢她，进而采取主动的方式表白。在这种情况下，男孩要反思自己的行为举止有何不当之处，从而在拒绝女孩之后有效地改善自己的行为，避免再令女孩产生误会。

陈佩一直都没有向喜欢的女孩表白，反而收到了另外一个女孩的情书，这让陈佩感到不知所措。

一个下午，陈佩正在学校里打扫卫生。有个女孩曾经向陈佩借了一本书看，这个时候，她把书还给了陈佩，脸上一片绯红。陈佩还很纳闷：只是还一本书给我，至于害羞成这样吗？只有见到喜欢的人才会感到害羞呀！

女孩把书还给陈佩之后就赶紧离开了，陈佩直到回到家里收拾书柜的时候才把这本书拿出来，正当这时，书中掉出一封信来。他赶紧拆开信来看，看到女孩在信上写了很多让他感到脸红心跳的话。他一下子乱了方寸，不知道该如何回复女孩。

晚上，爸爸下班回到家里，陈佩赶紧向爸爸求助："爸爸，你收到过女孩的求爱信吗？我应该如何回复呢？"

陈佩把信给爸爸看，爸爸看了之后笑起来："这封信写得很好呀，感情很真挚。你想好怎么处理了吗？"陈佩摇摇头。

爸爸说："那么就当好朋友吧，你可以给她回一封信，在没人的时候交给她，你也在信里可以告诉她，她很优秀，但是你想以学习为重，这样一来她就能理解你的意思，也不至于伤害她的面子。"

陈佩觉得爸爸说得很有道理，当即提笔给女孩写了一封回信。

次日去了学校，陈佩在私底下把这封信交给女孩。之后，女孩一连几天看到陈佩都很不好意思，但是在陈佩依然落落大方和她做朋友的情况下，她渐渐地也调整好心态，和陈佩成了好朋友。

青春期的喜爱，总是让男孩、女孩的心里都如同揣着小鹿一般怦怦乱跳。遇到不喜欢的女孩写来的求爱信，男孩一定要采取合适的方式拒绝女孩，解决问题，尤其需要注意保护好女孩的颜面和自尊，唯有如此，才能圆满地处理问题。

青春期男孩虽然觉得自己已经了解了爱情，但实际上他们对于什么是真正的爱情根本不了解，如果不想过早地涉及感情，那么，男孩就应有效地拒绝女孩，这样也可以让自己在成长的过程中更加快乐。

父母对孩子
的知心话:

孩子，爱一个人不是错误，不管你是爱上了某个女孩还是某个女孩爱上了你，你们的感情都是真挚的。我们既要尊重自己，也要尊重他人，如果收到了女孩的求爱信，一定要理性慎重地对待，采取合适的方式去拒绝女孩。记住，切勿肆无忌惮地大肆宣扬，以免伤害女孩的心，也让同学之间的关系变得非常复杂。

与女孩约会，父母不必如临大敌

很多家长一听到孩子约会，就心惊肉跳。尤其是处于青春期的孩子，约会可能意味着早恋，早恋会严重影响学习。因此，家长哪能不紧张，哪能不警觉？父母感到困惑的是："难道孩子早恋了？""孩子是否成熟到可以和异性约会？""如果孩子不听劝告去约会，要教孩子注意什么问题？"如果处理不好这些问题，孩子很容易与父母发生冲突，引起亲子之间的不愉快。

那天傍晚，儿子不经意间说出："明天是我同桌刘艳的生日，我打算请她吃饭。"

妈妈李女士吃了一惊，不禁脱口而出："你就请她一人？她答应了吗？"

儿子回答得轻描淡写："对啊，她答应了啊，不就吃一顿饭嘛。"

平时自命为"民主教育"的李女士一时竟然有些语塞。过了一会儿，她装作漫不经心的样子问："儿子，为什么你不多请几个同学呢？那样更热闹啊！"

其实李女士打心眼里不愿意儿子单独请女同学吃饭，那不就是单独约会吗？莫非儿子喜欢那位女同学？难道儿子早恋了？李女士越想心里越着急，但又不知道怎么和儿子说……

约会是孩子成长过程中十分重要的一部分。根据许多研究显示，青少年约会益处多多。约会是一种乐趣和休闲方式，它有助于提升孩子间的友谊，增加彼此的认同感；还有利于培养孩子社交礼节，提升孩子的社会交往能力。所以，不必对孩子和异性约会提心吊胆，哪怕是异性之间的约会。

也许在男孩看来，与女同学约会不过是相约吃一顿饭，或是一起看个电影，一起参观一下艺术中心，是再正常不过的事情。如果父母如临大敌，紧张兮兮，横加阻拦，反而会激起孩子的逆反情绪，使孩子更加坚定约会的决心。甚至男孩会出于对抗心理，延长在外约会的时间，或是约会时对女生做出什么越界的行为。

那么，父母该怎样对待男孩的约会问题呢？

1. 正视青春期孩子的约会

对于孩子的约会问题，父母不必提心吊胆，但必须在思想上引起重视。

首先，如果孩子主动和父母谈起约会这件事，说明孩子是比较信任父母的，也能说明孩子的约会属于正常的同学交往。所以，家长没必要强行阻止，选择信任孩子是比较明智的。否则，以后孩子和女孩约会，是不可能告诉父母的。

2. 别像审问犯人似的刨根问底

对于孩子主动告知约会的计划或被人约，父母可以感谢孩子的信任。可以对孩子说："谢谢你能主动告诉爸爸妈妈这件事，关于这件事，爸爸妈妈很想听听你的看法。"

其次，要了解孩子主动约会的目的以及邀约他的异性的情况，是平时在追求他，还是出于同学间的感激。比如，女孩曾帮助过你家孩子，你家孩子想表达感激，所以约女孩一起吃饭或看电影。或者女孩主动约你家男孩，只是希望和你家孩子关系更近一些，成为更要好的朋友，或是有其他目的，如请求对方帮忙等。所以，建议家长别急着大惊小怪，也别像审问犯人一样刨根问底，而要以轻松、诚恳的态度，像朋友间闲聊一样和孩子沟通，相信孩子会对你如实相告。

3. 根据你了解到的情况做判断

假如你从男孩口中得知，他想约会的女生是个学习成绩优异、性格和善、非常好相处的人，孩子想和她处好关系，成为要好的朋友，把她当作学习上的标杆，遇到难题时向她请教，那么，你就可以判断：孩子约会那个女生，是很单纯的交朋友。对于这种情况，父母应放心地允许孩子去约会。

假如你从男孩口中得知，他想约会的女生长得非常漂亮，班里男孩都想和她约会，而且她答应了和你孩子的约会。从孩子的言语中，他觉得能约出来那个女生是一种荣幸，那么你就要注意了，也许你的孩子有些爱慕对方，想和对方早恋。因此，你应该持续关注孩子和那位女生的交往动态。

假如别的女生主动约你家孩子，只是为了表达感激，或请求帮忙之类。那么，你可以充分信任孩子，让孩子自己做出决定。

假如别的女生喜欢你家孩子，想追求你家孩子，那你得征求孩子的看法。比如，你家孩子和对方是彼此情投意合，还是只是女生的单相思。假如是女孩的单相思，可以引导孩子认识到此时接受约会，是否会引起对方的误会。如果双方情投意合，那应提醒孩子注意保持单纯的同学关系。

4. 持续关注孩子约会后的举止

父母对孩子约会有些担心是正常的。由于孩子进入青春期后，会产生各种情愫，对异性比较好奇，喜欢接近自己爱慕的异性。因此，父母要关注孩子约会的后续问题。如果孩子只是偶尔约会，平时没有晚归的表现，行为也没什么异常，如接打电话神情自然，发短信也没有躲在角落里等，那么父母大可不必忧心忡忡。

父母对孩子的知心话：

谁说交朋友就一定要交同性的朋友？异性的朋友反而可以起到性格互补的作用，能够更好地配合完成学习上的重要任务。所以即使你真的结交了异性朋友，只要你知道你们彼此之间是纯粹的友谊，爸妈就会支持你。

若是失恋，尽快帮助男孩摆脱形成的困扰

　　青春期男孩既要鼓起勇气追逐爱情，也要做好承受失恋打击的准备，因为他们也许无法如愿以偿地打动女孩的心，也因为青春期的爱情本来就是扑朔迷离的。当遭遇失败的时候，如何摆脱失恋的困扰，对于男孩而言是必须面对的问题，也是需要男孩鼓起勇气去承担的。

　　当然，当遭遇失恋困扰的时候，很多男孩都会一蹶不振。其实人生是漫长的，谁也不能保证自己此刻遇到的人就是一生之中对的人。也许在未来，还有更加优秀的女孩等着男孩呢，这可说不定！

　　好不容易鼓起勇气向心爱的女孩表白后，张磊陷入了失恋的困扰之中，原来那个女孩早就已经心有所属，她压根不喜欢张磊这种类型的。为此张磊感到非常苦恼，在学习上曾经充满干劲的他如今总是感到很颓废沮丧，尤其是他和女孩坐同桌，这让他每天都感到难以面对。曾经，他盼望着每时每刻都能看到女孩，但是现在他只想逃避，再也不想见到女孩。然而，他们是同桌，他每天都要见到女孩，为此上课的时候他也总是心神涣散。

　　在这样的情况下，爸爸妈妈意识到了张磊的异常，妈妈特意

让爸爸去和张磊沟通，了解张磊的情况，然而张磊不愿意对爸爸说出他的心思。作为过来人的爸爸当然知道张磊到底是怎么回事，因此在爸爸耐心的引导下，张磊最终说出了自己的感觉。

爸爸语重心长地对张磊说："孩子，你还小，还不知道真正的爱情是什么。也许你现在觉得自己是真爱一个人，但是随着时间的流逝，你最终会知道爱情绝不像你想象中那么简单。这就是为什么很多初中生谈恋爱总是无疾而终的原因，其实不光是初中生，包括高中生谈恋爱都很难长久，因此你现在要做的是努力提升自己，而不要急于寻求爱情。你要相信，当你足够优秀的时候，最美的爱情一定会来敲开你的心扉。"

虽然张磊还不太理解爸爸的意思，但是他很清楚爸爸说的是对的，为此他告诉爸爸："我会努力控制自己的，我会认真地学习，我要让自己变得更加优秀。"经过一段时间的调整之后，张磊终于从失恋的阴影中走出来，如今的他变得更加阳光开朗，学习成绩也有了显著提高。

别说对于心理脆弱的青春期少年而言，就算是对于成人来说，失恋的痛苦也是很难承受的。尽管在成人眼中青少年的恋爱算不上真正的恋爱，但是在青少年的心目中，他们会认为自己是真正在恋爱，也会觉得自己的爱情刻骨铭心，因此一旦渴望的爱情消失，他们就会陷入深深的痛苦之中，或者一蹶不振，或者心灰意冷，甚至对于所爱的女孩因爱生恨、故意报复。不得不说，这样的爱是扭曲的，也是非常幼稚且不成熟的。

面对失恋的苦闷，青春期男孩一定要保持内心的冷静，要知道，爱是两相情愿的事情，而不是一方强烈地去爱就可以实现的，因而青春期男孩要更加理性地对待恋爱，也要勇敢地承受失恋的痛苦。

　　失恋的时候，青春期男孩可以积极地向父母倾诉，也可以向好朋友倾诉，这样可以排解压抑在心底的消极情绪，从而减少心理疾病的发生。很多男孩之所以在失恋之后做出报复行为，就是因为内心失去平衡，其实如果能够找到方法让内心保持平衡，他们就不会对对方由爱生恨。所谓金无足赤，人无完人，只要青春期男孩善于发现，就一定会看到自己喜欢的女孩身上也有缺点，这样一来，男孩对女孩的喜爱之情就会降低，也可以有效地帮助自己走出失恋的困境。

　　当觉得生活枯燥乏味的时候，青春期男孩不如主动转移自己的注意，让自己做更多有趣的事情，这样一来既可以打发时间，消耗精力，也可以让自己在成长的道路上更加顺遂如意。当然，正如事例中张磊的爸爸所说的，男孩只有足够优秀，才能等来最美好的爱情，所以男孩也可以化悲痛为力量，把失恋的痛苦转化为学习的动力，让自己努力前进。这样一来，当男孩足够优秀的时候，自然会赢得女孩的芳心。

> **父母对孩子的知心话：**
>
> 　　每个人都有属于自己的爱情，你的爱情也许出现得太早，因此，我们不必惋惜它的离去，而是要知道，只有在最美好的年纪里，才能拥有最美好的爱情，坦然接受失恋，才能让自己的内心不断地成长，让自己更加趋于成熟。

性幻想不可怕，那是男孩的生理现象

　　什么叫性幻想？从生理学的角度来说，性幻想指的是人在神志清楚的状态下进行性方面的想象。这些想象带有自编自演的性质，而且具有鲜明的情节特征和故事片段，所以性幻想也叫白日做梦。青春期男孩为何会进行性幻想呢？这是因为青春期的男孩性意识不断地觉醒，性需求越来越强，因而他们会产生很强烈的性欲望。青春期男孩正处于特殊的人生成长阶段，产生这种欲望是完全正常的，很多男孩都有这种性幻想的情况出现，女孩也会出现。这是因为青春期的男孩和女孩已经萌发出性意识，但是却没有发生性行为，因此他们对于性的需求得不到满足，就只能通过想象的方式来满足自己。所以青春期出现性幻想，无须觉得自己很堕落很邪恶，而应意识到性幻想是正常的心理状态，从而接受自己这样的状态，并想出合理的办法分散注意力。

　　有一些青春期男孩因为受到书刊、电视、电影、网络等的刺激，对性的渴望会非常强烈，因此他们性幻想的次数也特别频繁。尤其是有些男孩有了心仪的女孩后，他们就会把女孩当成性幻想的主角，假想自己与女孩发生性关系，从而从精神上获得安慰。这与男孩的道德是好还是坏没有丝毫的关系，因此男孩在发生性幻想的时候，不要总是否定自己，更不要误以为自己是一个道德败坏的男孩。

当然，对于性幻想，男孩不能放纵自己，因为如果男孩长期沉迷于性幻想之中，就会陷入恶性循环。前文说过，男孩的性幻想是因为对于性的欲望无法得到满足才催生出来的，其实反之亦然，过度的性幻想又会加强男孩对于性的欲望，这样一来男孩很有可能在强烈的性冲动之下做出过激的行为和举动，产生过早的性行为。所以当出现性幻想的时候，男孩要接受这种情况的发生，更要采取适度的手段控制自己，例如可以采取转移注意力的方式让自己更多地投入体育运动之中，也可以把更多的时间和精力用于学习，这样一来就可以消耗多余的精力，进行性幻想的次数自然也就会大大地减少。

为了避免刺激自己进行性幻想，男孩还应该尽量减少接触与性有关的书籍报刊、电视电影等，这样才能够减弱对于性的渴望，避免自己因为性冲动而做出伤害女孩的举动。

一天，李程正在网上浏览新闻，突然有一个网友给李程发来一个压缩的文件，李程想都没想就打开了文件，当即，文件里的那些赤裸裸的图片，让他感到受到强烈的冲击。他非常紧张，却又非常兴奋，忍不住面红耳赤地继续瞪大眼睛看着这些图片。为了避免被爸爸妈妈发现，他赶紧把房间的门关上。当天晚上，李程久久不能入睡，他想到了自己喜欢的女孩，又想到了图片上的内容，一直沉浸在幻想之中无法自拔。

次日清晨，李程起床的时候双眼浮肿，明显睡眠不足，妈妈看到李程的样子很惊讶，还以为李程身体不舒服呢。在妈妈的询问下，李程搪塞着回答自己很好，妈妈感到很奇怪，就把李程的情况告诉了爸爸。

此后很长一段时间李程都心神涣散，做什么事情都无法集中注意力，他总是想象自己和喜欢的女孩在一起，睡眠质量越来越差。在课堂上，他也不能集中注意力。得到老师的反馈之后，爸爸第一时间就和李程进行沟通。李程非常懊悔地告诉爸爸自己看到了不好的东西，爸爸得知情况之后并没有责怪李程，而是对李程说："李程，这种情况是青少年很容易发生的，但是你要自觉地去避免这种情况的发生，因为你现在还小，没有长大成人，你把图片彻底删除掉，然后爸爸会带你进行更多有益的活动，渐渐地你就会忘记那些不堪入目的画面。"在爸爸的指导下，李程彻底删除了图片，每到休闲的时候，爸爸就会陪着李程一起去运动，或者爬山，或者骑行，渐渐地李程终于把性幻想抛之脑后，又投入了充实的生活之中。

沉迷于性幻想会让青少年陷入迷惘的状态，甚至因为始终沉迷于性幻想而变得精神涣散，这对青少年的身心发展是极为不利的。要想避免幻想，青少年就不能接触过多的性刺激，做好心理和生理卫生工作，在看到不良的图片和影视剧时，一定要积极地回避。此外，事例中爸爸所采取的方式也是很有效的，那就是转移注意力。很多青春期男孩都有精力过剩的现象，父母要引导他们把多余的时间和精力都用在正确的事情上，这样男孩才不会沉迷于性幻想。

当然，性幻想尽管要适度，却并不是糟糕恶劣的事情，也与青少年的品质无关。青少年不要因为有性幻想就抱怨自己，甚至否定自己。要正确认识性幻想，这是青春期出现的正常情况，这样才能避免始终否定和诋毁自己。

父母对孩子的知心话：

　　随着不断地成长，你必然会面临更多的成长困境。必要的时候，要向爸爸求助，甚至可以告诉妈妈你的困惑，唯有如此，爸爸妈妈才能引导你正确地走过困境，从而让你的生活变得更加充实和精彩。

真正的男子汉，就需要控制好性冲动

随着不断成长，男孩的身体渐渐发育成熟，心理上对于感情的渴望也更加强烈，因此青春期男孩一定要控制好性冲动，如此才能主宰自己。每个人都有很多本能的冲动，要想战胜这样的冲动，当然是非常困难的。正如一位名人所说的，每个人最大的敌人都是自己。因此，青春期男孩必须主宰自己，才能最大限度调整好心理状态，才能把握冲动的感情。

眼看着就要初中毕业了，同学们聚在一起就餐，何辉终于有机会和自己喜欢的女孩并排而坐，看着女孩面色绯红，他突然产生了无法控制的性冲动，很想冲上去拥抱女孩。因为同学们在面前，所以他只能控制住自己的欲望。

聚餐结束后，何辉主动提出送女孩回家，女孩也答应了，走到一条昏暗的小巷子里时，何辉突然抱着女孩。女孩很生气，好不容易才挣脱何辉的怀抱跑回家里去。何辉的心里就像揣着一只小兔子，他很担心女孩把这一切告诉父母，也担心会因此而导致严重的后果。但是一切既然已经发生，他只能回到家里，主动把这件事情告诉爸爸妈妈。爸爸妈妈听说何辉做出了这种混账事，当即狠狠地批评了何辉。爸爸看出来何辉很害怕，在深刻教育了何辉之后，又安慰何辉："事情既然已经发生了，咱们就要去面对，你最好给人家道个歉，毕竟你们是同学。"在爸爸的建议下，何辉当晚就给女孩发了一条微信，真诚地向女孩道歉，并且诉说了自己在初中三年对于女孩的喜欢。女孩没有回复，何辉后来去学校拿成绩报告单的时候，看到了女孩，女孩没有和何辉说话就走了。

青春期男孩在性冲动的影响下容易做出出格的举动，这是因为他们的性意识刚刚觉醒，性冲动非常强烈。尤其是当男孩有喜欢的女孩时，他们一旦有合适的机会，根本无法控制自己，所以，青春期男孩要理性地避免和喜欢的女孩单独相处，而应该在人多的场合和女孩交往，这样一来才能够对自己产生约束力，从而避免伤害女孩。

人之所以是万物的灵长，是因为人是有思维有理性的，青春期男孩一定要让理性占据上风，控制好自己的冲动，让自己成为身体的主宰，以理性约束好自己，这样一来，青春期男孩才能在异性面前有更好的表现。

要想避免陷入青春期性冲动的状态，首先，男孩一定要避免过多的刺激，这是因为青春期男孩的情绪很容易激动，意志力相对薄弱。在性刺激强烈的情况下，男孩往往无法有效控制自己，也会导致性冲动变成切实的行动，乃至对女孩造成无法挽回的伤害。其次，男孩可以与更多的异性和同性相处，尤其是要积极地参加集体活动。在集体活动的过程中，男孩才可以学会与人相处，也才能够有效地控制自己。当然，最重要的在于提升自制力。

**父母对孩子
的知心话:**

　　正处于青春期的你，要为自己的人生制定明确的目标，并且规划自己的理想，这样，在遇到心爱的女孩时，你才能够保持理性，也才能够通过各种方式控制自己的言行举止，从而与女孩建立友谊。

第十章

男孩的禁区，有些东西需要尽量远离

控制电子产品，莫让孩子成为网瘾少年

没有男孩子不喜欢电子产品的。男孩子拿着手机或电脑总是废寝忘食，家长对此都很苦恼。其实，孩子看电子产品有其好处，一是陶冶情操，二是启迪智慧。如今电视节目丰富多样，不同年龄的孩子都能有针对性地去观看，不但能开阔眼界，增长知识，还能使孩子的新闻感知度与是非判断能力得到提高。但是电子产品也会给孩子带来不好的影响。从身体健康方面来说，如果孩子长时间坐在电子产品前一动不动，减少了活动时间，会造成肥胖。孩子处于婴幼儿时期时，视网膜和晶状体发育还未成熟，过长时间观看电子产品，容易影响视力和视觉发育，对视网膜和晶状体造成损伤。电子图像反复在脑海中出现，还会妨碍孩子的睡眠，不利于学习。

从心理健康上来说，电子产品上有很多不健康的或是消极的节目，会影响孩子的心灵发育。如果一个人在幼儿时期就对看电子产品着迷，他们的脑部可能会被过度刺激，致使正在发育的大脑结构发生改变，这就相当于受到电子影像的"催眠"。孩子在3岁之前，脑部发展非常迅速，很容易受电子影像的影响，一旦看电子产品的时间超过限制，孩子就容易焦虑不安，冲动暴躁，注意力不集中，甚至有暴力和攻击倾向。

作为父母，我们不能否定电子产品的优点，但也不能忽视其缺点，因此父母应告诫孩子"凡事都要适可而止"，特别是在看电子产品这个问题上，更应该讲究分寸。

可是如今越来越多的家长抱怨，自己的孩子对电子产品过分着迷，每天一进家门打开电子产品就坐下观看，能一动不动坚持一两个小时，什么事情都顾不上做。就连吃饭的时候都要一手端着碗，一手往嘴里扒拉饭，然后目不转睛地盯着电子产品。长此以往，不利于孩子的成长。

幼儿园大班的小一飞特别喜欢看电子产品，最近他迷上了一部动画片。每天小一飞从幼儿园回到家中，放下书包，第一件事就是去开电子产品，然后坐在沙发上观看。奶奶让他去洗手，他也听不见，让他吃水果，他自己也不去拿，奶奶只好把水果递到他的手里。但就是这样，他的心思也全都放在动画片上，随便吃两口饭就继续看电子产品了。

一会儿奶奶做好饭，爸爸妈妈也下班回来了，他们呼唤小一飞过去吃。小一飞说："不行不行，我还没看完动画片呢。"爸爸和妈妈就轮番劝说，但小一飞不为所动。如果爸爸妈妈强烈要求，小一飞也会过去吃饭，但只扒拉两口就说自己吃饱了。等到动画片演完之后，爸爸妈妈已经把饭菜收拾了，这个时候小一飞又说自己饿了，刚才没吃饱。

这样反复几次后，爸爸非常愤怒，告诫小一飞："以后大家吃饭的时候，你一定要一起吃，不能再看电子产品。"然后强行断了网。小一飞不停哭闹，不开电子产品就拒绝吃饭，爸爸气得没办法，但又拗不过他，只好再次把网络打开。

孩子过分迷恋电子产品，让父母心力交瘁。父母要想帮助孩子矫正这个坏习惯，可以参考如下方式：

1. 父母要起到表率作用

其实，在现实生活中，不仅孩子迷恋电子产品，大人们也同样离不开电子产品的陪伴。有些大人经常手拿电子产品一动不动地连着看好几集电视剧，并乐此不疲。但是他们却要求孩子到房间去做作业、去读书，并喋喋不休地说着小孩子看电子产品的坏处。俗话说："言传不如身教。"父母与其不辞辛苦地劝告，还不如以身作则，先把自己看电子产品的时间安排妥当。当孩子做作业或是思考什么事情的时候，千万不要打开电子产品。如果孩子在自己独立的空间内学习，父母在看电子产品时也要尽量调低音量，不要打扰孩子。

2. 逐渐减少孩子看电子产品的时间

如果孩子坐在电子产品前不肯走，父母首先要避免的一件事就是强行关掉电子产品。这样做虽然显示了父母的权威，但却相当于剥夺了孩子的权利。因为孩子每天在家中都要看电子产品，已经将其看为生活的一部分，如果遭遇父母强行阻止，很可能会对父母产生抵触心理。最好的方式就是先跟孩子约定好看电子产品的时间，例如从周一到周五，每天可以看一个小时的电子产品，到了时间就要关掉电子产品。另外，在观看电子产品的时间内，还要跟孩子约法三章，例如，看电子产品之前先要做作业或是看完之后就要去做功课，或者是吃饭的时候不能看，等等。待父母和孩子双方达成一致后，就可以按照此规则执行。

3.父母陪孩子一起看电子产品

如果孩子在看电子产品的时候，父母能陪同，一方面对家庭氛围的和谐发展有好处，另一方面父母可以帮助孩子有选择地看电子产品，避免不良电视节目对孩子的危害。当今电视节目广告众多，容易让孩子受到迷惑，特别是一些食品，宣称健康，但却含有非常高的热量和脂肪。孩子自控力差，受广告影响很容易去购买，父母陪同孩子看电视或电子产品，可以对广告内容解释说明，避免孩子上当，或是直接屏蔽掉广告。

4.转移孩子的注意力

当然，孩子如果对一个电视节目表现出极大的兴趣，有时很难转移他们的注意力，但是也可以尝试一下用孩子最喜欢的事情去吸引他们，例如带他们出去散步，和其他小朋友玩耍，或是给他们玩玩具，等等。孩子长时间待在家中，势必会借助电子产品感受不一样的生活。如果多带他们出去走走，和其他孩子玩玩，就会分散他们对电子产品的关注度，还有利于孩子身体健康。

5.不要在孩子的房间放电子产品

当今时代，人们生活越来越富裕，家中有多台电子产品是常有的事儿。但是，家长尽可能不要给孩子的房间放电子产品。因为如果给孩子专门准备了电子产品，孩子将会独自躲在房间内看，会不自觉地疏远父母。另外，逃脱了父母的视线，孩子会更加没限制地看电子产品，这样不但会影响他们的休息和学业，如果看到不适合少年儿童观看的节目，身心还会受到不良影响。

　　总而言之，孩子如果迷恋电子产品，父母应该及时给予关注，并处理好这类问题。只要父母为孩子细心讲述长久看电子产品带来的危害，并给孩子一定的空间，孩子自然能合理把握自己看电子产品的时间，并有针对性地选择要看的内容。

父母对孩子的知心话：

　　孩子，我们并非不让你用电脑、玩手机。但你需要知道一个度，每天使用多久合适。而且，你也应该用电子产品辅助你学习，而非沉迷于网络游戏中。你已经长大了，我们相信你有了自控力，相信你能明白我们的意思，也能控制好如何使用电子产品。

抽烟并不酷，让男孩知道香烟的危害

抽烟是对身体有百害而无一利的行为，但是很多青春期男孩对抽烟有错误的认知，他们认为只有真正的男子汉才会抽烟，实际上这种观念很糟糕，会把男孩引入非常危险的行为之中。

男孩正处于快速成长的阶段，在青春期，男孩身体的各个部位都处于飞速发育之中，烟草中的有害物质会伤害男孩的身体器官。与成人抽烟相比较，青春期男孩抽烟会受到更大的危害，甚至导致成长受到阻碍。曾经有医学家经过专门的调查研究，结果显示一个人越早开始抽烟，就越容易患上肺癌导致死亡。因此青春期男孩一定要控制好自己，不要在不该触碰烟草的年纪里染上抽烟的坏习惯。即使长大成人，也要远离烟草，保护好健康。

青春期男孩正处于学习的关键时期，抽烟还会损伤男孩的大脑，导致男孩大脑缺氧，思维迟钝，记忆力和思维能力都大大减弱。而且香烟中的尼古丁是神经毒素，会侵害男孩的神经系统，导致男孩患上各种各样的疾病。很多男孩都不知道抽烟还会导致视力低下，患上烟草中毒性弱视，如果这种病症发展严重，还有可能导致男孩失明。由此可见，抽有百害而无一利，因而男孩一定要远离香烟，不要被香烟所诱惑。

一个周末，爸爸妈妈都去单位加班，只有马力独自在家里。写完作业之后，马力就开始看电视，在看电视的过程中，马力看到自己最喜欢的男演员做出了一个抽烟的动作，马上被吸引住了，同时心中产生了强烈的好奇：抽烟到底是一种怎样的感受呢？对于一个男人而言，这样抽烟真是太酷了。想到这里，马力马上翻箱倒柜，找出爸爸专门用来接待客人的香烟，也点燃了一支烟，坐在沙发上跷起了二郎腿。才抽了一口，马力就被呛得咳嗽起来。

正在此时，爸爸回来了。看到马力在抽烟，爸爸很生气地质问马力："你怎么就不学好呢？"马力不置可否地对爸爸说："我看到来客人的时候，你也会陪着客人抽烟呢！"爸爸被马力的这句话问住，不知道如何回答。他想告诉马力，这只是一种人际来往，但是，陪客人真的可以作为抽烟的正当理由吗？爸爸也感到很困惑。

要想让青春期男孩不抽烟，爸爸就要为男孩做出表率，不要在男孩儿面前抽烟，最好是彻底戒掉香烟。正如事例中所说的一样，即使家里来了客人，难道爸爸就有资格和客人一起抽烟吗？抽烟是对身体有百害而无一利的行为，因此，每个人都要坚决地抵制香烟，而不要因为任何借口去抽烟。

青春期男孩的模仿能力很强，当看到爸爸在抽烟时，他就会理所当然地认为自己也可以抽烟。然而，抽烟对肺部的损伤很大，青春期男孩如果沾染上烟瘾，那么未来罹患肺癌的概率就会大大增加。因此，青春期男孩不要因为任何理由去尝试抽烟，而要像远离毒品一样，远离香烟。

那么，怎样引导男孩远离抽烟呢?

1. 留意孩子身上的可疑之处

不要以为在家里看似很乖的孩子不会吸烟，也许在学校的厕所里，在偏僻的胡同里，一起体验这种好奇了很久的神秘东西。如果父母不细心观察，是很难觉察到的。等到孩子对吸烟有了依赖性时，父母再来教育孩子就有点晚了。

所以，建议父母平时要多注意观察孩子。比如，孩子聚会回到家，身上是否有烟味。说话的时候，可以适当靠近孩子，看孩子呼吸中是否带有烟味。另外，父母如果发现孩子有吸烟的迹象，应冷静地跟孩子交谈，提醒孩子不要吸烟。

2. 告诉孩子吸烟的危害

在如何教育和引导男孩不吸烟的问题上，父母应注意方式方法。仅仅把烟藏起来，或是从零花钱上控制孩子吸烟是不够的。父母要让孩子知道吸烟的后果，比如，吸烟会严重伤肺，香烟中含有尼古丁等多种有害物质，吸烟对呼吸器官的损害尤其严重，许多呼吸道疾病都与吸烟相关。

在公共场合碰到有人吸烟，父母可以告诉孩子:"公共场合抽烟的人，是让人讨厌的，因为会让别人吸二手烟。"

3. 父母要给男孩做好的榜样

在吸烟方面，父母对孩子有极大的影响力。父母应注意自己的行为，切不可当着孩子面抽烟，最好能做到戒烟。切勿给孩子做了负面的引导。

父母对孩子的知心话：

　　孩子，如果你想拥有健康的身体，如果你想未来在绿茵场上快速地奔跑，尽情地运动，就不要沾染香烟。因为香烟中的有害物质不但会伤害你的肺部，而且会损伤你的逻辑思维能力，损伤你的视力，总之，对你身体的每一个部位，香烟都没有任何的好处。所以，你一定要远离香烟。

酒不会壮英雄胆，只会壮尿人胆

嗜好烟酒的人都会说诸如烟酒不分家之类的话，很多人不但抽烟，而且喝酒。作为家长，如果父亲在男孩面前表现出抽烟喝酒的恶习，那么男孩往往也会因为模仿父亲而沾染喝酒抽烟的坏习惯。在现代社会，青少年酗酒已经成为一个不容回避的问题。曾经有一个机构专门对大中学生进行调查，发现有相当比例的学生都有饮酒的历史或者有过饮酒的经验。然而，男孩正处于身体的快速成长阶段，过度饮酒或者对酒精形成依赖性，对于身体的危害是非常大的。

饮酒会导致人体缺乏营养素，阻碍青少年的健康成长，还会导致高血压，加速动脉粥样硬化的形成，最终引起心肌梗死和脑出血。饮酒会使青少年性成熟的时间延后几年，强烈的酒精还会刺激青少年的消化道系统，使消化道系统发生炎症或者产生癌变。此外，酒精对于肝脏的危害非常大，因为酒精是有毒性的，人体需要用肝脏来分解酒精，因而长期饮酒会使青少年的肝功能遭到破坏。最直接的危害是让青少年在酒精的麻痹下变得思维不清醒，注意力涣散，这样一来青少年还如何能集中精力去学习呢？在酒精的刺激下，青少年还会失去理性，做出过激的行为举动，甚至危害自己和身边的人，这样的结果是青少年无力承受的，因此青少年一定要远离酒精饮品，拒绝饮酒，始终保持清醒和努力向上的生活态度。

张伟常常看到爸爸和朋友们聚集在一起喝酒，看着喝得东倒西歪的爸爸，张伟不知道酒精为何有这么大的魅力，居然能够让爸爸沉迷其中无法自拔，哪怕是妈妈和爸爸吵架，也不能改变爸爸对于酒精的迷恋。因此张伟想道：总有一天，我也要尝试一下喝酒的滋味！

暑假的时候，张伟回到奶奶家里，有一天，奶奶和爷爷去走亲戚了，张伟独自在家。趁此机会，他拿出爷爷平日里喝的高度高粱酒，倒了一杯。喝第一口的时候，张伟被酒辣得直吐舌头，他不得不找出奶奶腌的咸菜吃了一大口，这才算把酒的辣味压制下去。喝第二口的时候，张伟没有那么冲动，他慢慢地品着喝了一小口，随着辛辣的酒沿着食道缓缓地流入胃里，张伟觉得自己的脑袋也昏昏然起来，感到心情很好。张伟感到很神奇，他又喝掉了剩下的酒，就昏昏沉沉地睡着了。那种半醉不醉的感觉，让他很迷恋，他暗暗想道：难怪爸爸这么喜欢喝酒呢，原来喝酒的感觉这么好呀！

能否喝酒从来不是衡量青少年是不是男子汉的标准，真正的男子汉，不会用抽烟喝酒的方式装酷，他们的内心从容自信，不会因为别人做什么，就人云亦云，盲目跟风。

父母对孩子
的知心话：

　　孩子，虽然说酒壮英雄胆，但有的时候酒也会使人变成狗熊，只知胆大妄为，也不能够进行理性的思考。你现在正处于人生成长的关键时期，身体的发展很快，感情和心灵却不够成熟，所以你应该理性地对待酒精。你还是个孩子，应该做到滴酒不沾。即使长大成人之后，你也不要依赖酒精，因为酒精对人体的危害很大。

男孩子，要正确处理好校园暴力

现在的校园里，各种各样的暴力事件层出不穷。校园暴力事件不断出现在初中、高中的校园，甚至在小学的校园里，也会有恶性暴力事件的发生。不得不说，校园暴力极大地损害了青少年的身心健康，毕竟青春期男孩正处于情绪冲动的年龄阶段，在面对他人带有侮辱性质的暴力行为时，他们很难控制住自己的情绪，也很难保证自己的行为符合常理。此外，有很多社会闲散人员会进入校园，对孩子们实施暴力行为，这就导致校园暴力变得更加复杂，性质也更加恶劣，更是令青春期男孩面临极大的危险。

校园暴力的情况，并不是最近才有的。随着时代的发展，校园暴力也在不断地升级。如果说最初校园暴力的表现形式是单纯的打架斗殴，那么随着时代的进步，随着校园里各种势力情况越来越复杂，校园暴力甚至带有一定的黑社会性质，且从最简单的打架斗殴发展成为勒索敲诈，乃至危及学生们的生命。这对于校园的稳定和学生的人身安全显然是极其不利的。

校园暴力，除了危害孩子们的人身安全之外，还会扭曲孩子们的心灵。心理学家经过研究发现，校园暴力不但会导致受害学生的内心受到伤害，而且会导致施暴学生的内心发生扭曲，产生变态心理。所以无论对于受害者还是施害者而言，校园暴力都是一种不良的邪恶行为。此外，很多孩子都喜欢玩网络游戏，甚至沉迷于网络游戏。众所周知，如今网络上的很多游戏都带着血腥的意味，为此他们很容易受到游戏的负面影响。校园暴力的发展形势越来越复杂，青春期男孩的成长环境变得更加恶劣。作为男孩，一定要更加理性地面对校园暴力，从而以正确的方式处理好校园暴力。

阿哲是一个性格比较暴躁的人，他在学校很少说话，但只要有人和他意见不合，就往往会用武力解决问题。这让同学们都远离他，不愿意和他交往。因此，阿哲成了班级里的独行侠。

有一天下课的时候，阿哲和一个同学两句话不对付，就拿起削铅笔的壁纸刀对着同学挥舞起来，把同学的衣服上划了一道长长的口子。发生这件事情之后，班主任马上联系了阿哲的父母说明情况，父母意识到用刀子伤人是非常严重的事情，当即把阿哲带回家里进行教育。被划伤的同学内心感到很恐惧，足足有几天都没有来到学校上学，当然被划伤同学的父母也没有善罢甘休，他们找到老师要求说明情况。老师多方周旋，才让对方父母放弃追究阿哲的责任，阿哲这才能够继续留在学校上学。

近些年来校园暴力时有发生，青春期男孩原本就处于情绪冲动的阶段，当遇到强烈的刺激时，他们很容易做出过激的行为。要想避免暴力，避免成为施暴者，男孩就要保持情绪的冷静，在发生问题的时候第一时间思考如何解决问题，而不要使用暴力解决问题，导致行为上出现严重错误。

如果受到其他同学的暴力侵犯，青春期男孩不要一味地忍气吞声，因为一味地忍让和退步，只会导致施暴者变本加厉，使得自己受到更多的伤害。当被施暴者伤害的时候，青春期男孩第一时间就要把受到侵犯的事情告诉老师和父母，从而寻求有效的帮助，正确应对施暴者的暴行。

通常情况下，校园暴力的对象都是胆小怯懦的孩子，他们相对处于弱势。当身为受害者时，孩子一定要保持正确的思想，要知道胳膊拧不过大腿的道理，不要与施暴者正面冲突，而是要以合理的方式寻求自我保护，从而集合各个方面的力量对抗施暴者。此外，如果被敲诈勒索，也不要一味地忍让，而应该寻求法律的保护。如果觉得自己很容易受到侵害，还可以和同伴结伴而行，这样也可以有效地震慑施暴者。总而言之，不要任由施暴者为所欲为，而应该采取有效的方式解决问题。

父母对孩子的知心话：

青春期男孩既不要成为施暴者，也不要成为受害者，而应该以合理的方式解决问题，营造良好的校园环境，这才有利于青春期男孩的健康成长。良好的校园环境需要每一个人坚决维护，每个人都要积极地贡献力量。

追星没有错，但不能过度痴迷

现代社会，有很多青春期男孩都喜欢追星，因为他们看着明星在屏幕上塑造出来的各种鲜明生动的形象，很容易对明星产生错觉，误以为明星所扮演的形象就是明星本人，所以对于明星产生了不切实际的崇拜。还有很多男孩喜欢明星光鲜亮丽的生活，梦想着自己也能够成为一个明星，因此明星成了他们的英雄，也成了他们努力奋斗的目标，更是他们不切实际的梦想。

其实，青少年如果能够崇拜历史上大名鼎鼎的伟人，也许会从伟人身上学习到很多优秀的品质，但是若青少年过度迷恋明星，就会导致自己的身心发展扭曲，甚至患上严重的心理疾病。记得某位明星有一个很痴迷的粉丝，这个女粉丝疯狂地追求明星，为了能够亲自见到明星一面，把整个家庭的生活都搞垮了，甚至为此把父亲的性命也搭上了。如今，这个女粉丝已经不再盲目追求明星，从追星的痴迷和狂热之中摆脱出来，但还是有很多青春期男孩会盲目追求明星。其实这不仅对于粉丝来说是一种沉重的负担，对于明星而言，也会造成强大的心理压力。

男孩一定要意识到，明星也是人，也是非常接地气的，虽然他们在屏幕上看起来高高在上，光鲜亮丽，但是他们同样有着自己的烦恼，也常常会感到困惑和无助。了解了这一点，男孩就不会把明星当成上帝一样去崇拜，而是会更加客观全面地认知明星，并做到适度追星。

要想避免追星给自己的成长带来负面作用，男孩就要学习明星身上的优点。看到这里，也许会有男孩说，明星的优点那么高不可及，我怎么可能学习到呢？其实不然，明星也是普通人，也是既有优点也有缺点的，所以，如果男孩更加看重明星的优点，也愿意向明星学习，那么他们就能从明星身上汲取积极的力量。

其实追星本身是一种正常的心理现象和行为，因为男孩正处于青春期，他们对于那些成功的人产生崇拜的心理是很正常的，重要的是凡事皆有度，过犹不及。男孩追求明星一定要有合适的限度，而不要因为追星扰乱自己正常的生活和学习的秩序。

因为总是能够从爸爸妈妈那里得到很多的零花钱，所以周凯渐渐养成了追星的习惯。他购买他喜欢明星的演唱会门票。最夸张的一次，周凯听说喜欢的明星要在广东开演唱会，居然买了飞机票从北京飞到广东，听完演唱会之后又从广东飞回北京。不得不说，这样狂热的追星生活严重地影响了周凯的学习，导致他的学习成绩雪上加霜。

后来，爸爸妈妈知道周凯的学习成绩很差，就不再给周凯那么多零花钱，而是要求周凯专心致志地复读高三，争取将来能考上一所比较好的大学。然而，周凯一听到他喜欢的明星要在某个地方开演唱会，根本没有办法静下心来学习，他得不到爸爸妈妈的钱，就想方设法从爸爸妈妈那里偷钱。有一次，为了去现场听明星的演唱会，他居然把爸爸的一块名表偷偷地卖掉了。爸爸知道真相之后，气得简直要吐血，但是周凯就像病入膏肓的人一样，对于喜欢的明星没有丝毫的抵抗力，有的时候甚至在睡梦中都会大声地喊出明星的名字。

追星成为一种狂热的行为，青春期男孩的成长就会面临很大的危机。毕竟明星在荧幕上表现出来的都是光鲜亮丽和成功的一面，而实际上明星也有苦恼和困惑，只不过狂热追星的男孩根本不知道明星真正的样子而已。

明星再成功，与男孩的现实生活也没有真正的交集。男孩要想让自己以后拥有更加充实精彩的生活，就一定要积极地努力，不要再盲目地追星，更不要因为追星而导致学业发展受到阻碍。与其把宝贵的时间用于追星，还不如努力成长和进步，这比追星更有意义。

> **父母对孩子的知心话：**
>
> 追星没有错，如果能够学习明星身上的优点，你就能获得很好的成长，但是如果因为追星而放下学习，导致学习一落千丈，那无疑是得不偿失的，也会使得未来的人生失去精彩。所以你一定要端正追求明星的态度，怀着远观的态度欣赏明星，学习明星的优点，而不要盲目陷入对明星的狂热追捧之中。记住，一个人只有活出自己的样子，才是最大的成功。